LETTRES

SUR L'ITALIE.

—

TOME SECOND.

IMPRIMERIE DE LE NORMANT, RUE DE SEINE, N° 8.

LETTRES SUR L'ITALIE,

FAISANT SUITE AUX LETTRES

SUR LA MORÉE, L'HELLESPONT ET CONSTANTINOPLE,

PAR A. L. CASTELLAN,

MEMBRE HONORAIRE
DE L'ACADÉMIE ROYALE DES BEAUX ARTS.

———

CINQUANTE PLANCHES DESSINÉES ET GRAVÉES PAR L'AUTEUR.

TOME II.

———

A PARIS,

CHEZ A. NEPVEU, LIBRAIRE,

PASSAGE DES PANORAMAS.

MDCCCXIX.

LETTRES

SUR L'ITALIE.

LETTRE XXVIII.

Départ de Naples. — Notes sur cette ville. — Description de Terracine.

Fondi.

Je suis sur la route de Rome; et l'instant du départ, que je désirois cependant, a été mêlé d'amertume. L'unique compagnon qui m'étoit resté n'a pu m'accompagner : il doit prolonger son séjour à Naples, et cette séparation momentanée me semble devoir être éternelle (1). Nous nous étions fait une si douce habitude de nous communiquer toutes nos sensations, et de mettre en quelque sorte notre existence en commun,

(1) Elle a été au moins fort longue, et nous n'avons renoué le fil d'une amitié qui durera autant que nous, que plusieurs années après. Les circonstances impérieuses qui, bientôt après, forcèrent mon ami, Stanislas Léveillé, de s'embarquer à Naples pour la France, et l'empêchèrent de voir le reste de l'Italie, m'imposèrent l'obligation, ainsi qu'aux autres Français, de quitter Rome, et de venir en Toscane, contrée paisible, et la seule en Italie où un artiste pût alors exercer ses talens, ou continuer ses études

qu'il a fallu le vif désir, l'entraînement irrésistible qui me portoit vers Rome, et surtout l'espérance de nous y réunir bientôt, pour me déterminer à entreprendre seul le voyage. J'aurois même voulu faire abstraction de la route, ne rien voir, ne rien entendre, me rendre inaccessible aux séductions, aux moindres distractions, m'endormir, en un mot, comme tant d'autres voyageurs, pour ne me réveiller qu'au milieu du Forum.

Le nouveau compagnon de voyage que le hasard m'a donné, aussi pressé que moi d'arriver au but, n'est point disposé à passer son temps dans une triste méditation. C'est un jeune Romain qui vient de terminer ses études à Naples, et qui retourne dans sa famille, impatient de faire admirer ses connoissances. Sa conversation m'apprend qu'il a surtout exercé sa mémoire qui lui fournit une abondance de citations et d'anecdotes que j'écoute patiemment, dans l'espoir qu'au milieu de ce flux de paroles je saisirai quelques faits nouveaux, car nos occupations et nos études ont été bien différentes. Il a vécu dans la société, moi dans la solitude ; il a joui des plaisirs que je n'ai fait qu'effleurer ; il sort des bancs de l'école ; et les arts, unique but de mes observations et de mes recherches, lui sont absolument étrangers.

C'est avec enthousiasme qu'il me parle du séjour qu'il quitte à regret, et dont il m'exagère les merveilles. Avez-vous fréquenté, me dit-il, les *sedile?* Et sans attendre ma réponse : N'est-ce pas une chose admirable que ces salles ou portiques ouverts, où se rassemblent les premières et les plus respectables familles de chaque quartier de la ville, soit pour y traiter des affaires publiques ou particulières, soit pour y faire la conversation et y respirer le frais ?

C'est un usage qui remonte aux Etrusques, ajoute-t-il : il n'y avoit d'abord que quatre *sedile* à Naples, la ville n'ayant que ce nombre de quartiers. Ils étoient nommés *Capuano*, du chemin qui conduit à Capoue; *Forcella*, des fourches patibulaires; *Montagna*, du lieu le plus élevé de la ville; et *Nilo*, d'une statue de ce fleuve, érigée par les négocians d'Alexandrie qui habitoient dans cette partie. On porta ensuite le nombre des *sedile* à dix-neuf; et en 1500, les familles de la place *Capuano* décidèrent qu'on ne seroit admis à leur réunion qu'après avoir prouvé une noblesse de quatre quartiers de nom et d'armoiries. Leur exemple fut suivi par les autres *sedile;* et, quoiqu'ils soient tous égaux en prérogatives, cependant le Capuano et le Nilo réunissent la plus haute et la plus riche noblesse.

Passant ensuite à un autre sujet, mon instructeur continue : La France ne possède pas, sans doute, un aussi bel établissement que celui de la *Santa Casa*. Sur la porte on lit ces quatre vers qui en expriment bien l'utilité et tous les avantages :

Lac pueris, dotem innuptis, velumque pudicis,
Datque medelam ægris, hæc opulenta domus.
Hinc merito sacra est illi, quæ innupta, pudica
Et lactans, orbis vera medela fuit.

On a pratiqué dans la muraille une ouverture carrée revêtue de marbre ; un enfant nouveau né, sculpté en relief, se voit au dessus avec ces deux vers italiens :

O padre e madre, che qui ne gettate,
Alle vostre limosine siamo raccomandate.

C'est en effet par cette ouverture qu'on introduit dans l'hôpital les malheureux orphelins : ils glissent sur un plan incliné, arrivent dans un tambour de bois, et sont reçus par ce moyen dans l'intérieur par une sage-femme qui les remet à un ecclésiastique : celui-ci les baptise, leur donne un nom, et, pour les distinguer, attache à leur cou une *bulla* de plomb qu'ils conservent toujours ; on les remet ensuite à des nourrices. Parvenus à l'âge convenable, on fait apprendre un métier à ces enfans ; les filles peuvent prendre le voile ou se marier ; et, dans ce dernier cas, le gouvernement leur donne depuis cinquante jusqu'à cent ducats de dot. Sont-elles abandonnées de leur mari, ou deviennent-elles veuves, l'asile où elles ont été élevées est leur refuge. On les appelle les *ritornate;* et le local qu'elles occupent, le *Ritiro*.

Les conservatoires offrent encore une ressource aux enfans des pauvres : ils y sont élevés aux frais du gouvernement, et ils y apprennent la musique vocale et instrumentale, et la composition. Ces écoles sont au nombre de trois, et se distinguent les unes des autres par un uniforme qui consiste en une sorte de soutane bleue, blanche, ou puce. Il est sorti de grands maîtres de ces établissemens, entre autres Scarlatti, qu'on peut considérer comme le fondateur de l'art musical chez les modernes, et l'inventeur du contre-point; Porpora, Leo, son élève; Durante et Pergolèse, tous deux morts jeunes et de poisons différens. Martini prétend que le véritable genre de ce dernier artiste étoit l'opéra buffa; et que même, dans son admirable *Stabat Mater*, il a introduit des motifs *buffi* qui seroient mieux placés dans la *Serva Padrona*.

On cite aussi quelques étrangers parmi les élèves des conservatoires de Naples, tels que Jomelli, d'Anvers, Gluck, né en Allemagne et naturalisé en France. Nous devons enfin à cette école, Sacchini, Piccini, et ses élèves Paësiello, Guglielmi, Anfossi et Cimarosa. Outre ces immortels compositeurs, elle a aussi fourni d'habiles chanteurs, Cafarelli, Eziziello et Farinelli. Ce dernier, parvenu, comme on sait, au ministère sous Philippe V, roi d'Espagne, se fit estimer par sa modestie, et n'abusa jamais de la faveur du monarque. Cafarelli, devenu aussi très-riche, n'étoit point aussi modeste : il bâtit un palais à Naples, et fit graver sur le portail :

AMPHION THEBAS, EGO DOMUM.

On cite un autre chanteur célèbre, Domenico Melani, mort en 1693, et qui avoit fait fortune en Allemagne où il parvint à de grands honneurs. Revenu à Florence sa patrie, il fit un noble usage de ses biens, car il érigea un hospice pour les pèlerins, ou pauvres voyageurs étrangers. Cet édifice a été réuni par Léopold à l'hopital Sainte-Marie; et il sert de retraite aux femmes pauvres qui y font leurs couches.

Mon jeune enthousiaste passe ensuite en revue les six théâtres de la capitale, et ne me fait pas grâce de celui des marionnettes placé dans un souterrain du Château-Neuf... Mais j'en reste à cet échantillon d'un entretien dont mon loquace compagnon faisoit seul tous les frais : il suffisoit d'un mot, d'un signe de ma part pour faire naître une série de citations. Sa mémoire étoit d'une fertilité désespérante. En passant à Gaëte, il me rappeloit aussitôt les vins de Cécube, célébrés par Horace; à Capoue, l'histoire de ses perfides délices; ici étoit le *Formianum*, retraite chérie de Cicéron : en cet endroit du chemin il fut méchamment assassiné; la plage voisine étoit plus anciennement habitée par les antropophages Lestrigons, etc. (1).

Si je m'endormois, ce n'étoit pas pour long-temps : mon impitoyable conteur élevoit la voix pour se faire entendre du postillon; n'en recevoit-il pas de réponse, il s'en consoloit par

---

(1) Je rougis maintenant de mon indifférence. L'extrait de l'une des lettres que m'a adressée, en 18.3, le savant et respectable M. Dagincourt, fera juger de mes regrets: « Tout ce qui tient à » cette voie antique, si justement célèbre (la *Via Appia*), mérite » l'attention des amateurs de l'antiquité. L'ayant toujours par- » courue, à peu près à pied, depuis Rome jusqu'à Naples, je me » suis convaincu qu'elle offre à chaque pas, sur elle-même, et pour » peu qu'on fasse des excursions à droite et à gauche, sans s'écarter » trop loin, des monumens curieux, importans et utiles pour l'his- » toire et pour les arts. Un des lieux dans lequel j'en ai reconnu, ainsi » que dans ses environs, un plus grand nombre, est *Mola di Gaeta*, » l'antique *Formia*. J'y suis resté *captus amore loci* plus d'un mois. » Une de ces maisons, qu'on appelle les Ecoles de Cicéron, est » encore reconnoissable, ainsi qu'une belle *villa* qui lui appar- » tenoit, et une tour que, selon moi, son fils lui avoit fait » élever sur le bord de la voie, pour cénotaphe. Elle subsiste en » entier; on la désigne sous le nom de *Torre di Cicerone*. Elle » est au milieu d'un carré formé d'une superbe muraille, vis-à-vis

une *canzonetta :* il falloit alors se réveiller bon gré mal gré pour faire chorus, et notre conducteur faisoit la basse ; et, en appuyant la ritournelle, il fouettoit ses chevaux en cadence.

A Fondi, la dernière ville du territoire napolitain, les voyageurs sont soumis à un examen très-rigoureux de la part des employés de la douane. Ils ont fait la visite de nos effets avec une moqueuse insolence ; ils ont même contraint les voyageurs à s'enfoncer avec eux dans une espèce de caveau, dont l'escalier fort étroit étoit à peine éclairé par la lueur d'une lampe, et sous prétexte de s'assurer s'ils n'avoient point d'or caché, ils les ont dépouillés de leurs vêtemens. Arrivés, comme les autres, dans l'obscur souter-

---

» des débris du tombeau qui avoit été construit sur la colline, à
» l'endroit même où Cicéron, atteint par les satellites d'Antoine,
» perdit la vie. J'en vis, il y a trente ans, des parties qui annon-
» çoient un monument d'une grande distinction. On m'a dit que
» depuis, elles ont été détruites. Pratili indique ces objets ; mais,
» pour ajouter à ce qu'il ne nous apprend souvent qu'avec trop
» de sécheresse, et même quelquefois avec peu d'exactitude, il
» faut prendre pour espèce de commentaire, et parcourir, les
» *Osservazioni Critiche di Brasmo Gesualdo, sopra la Storia della*
» *Via Appia di Pratili.* Ce Gesualdo, qui étoit un des magistrats
» de Gaëte, donna des détails principalement sur les antiquités
» des environs de cette ville. Il parle, entr'autres choses intéres-
» santes, d'une tour bien conservée, ou mausolée, avec une
» inscription en l'honneur de Munatius Plancus, fondateur de la
» ville de Lyon. Les habitans de Gaëte donnent à cette tour le
» singulier nom de *Torre d'Orlando*, Roland, neveu de Charle-
» magne, etc. »

rain, nous refusâmes de nous déshabiller ; ils insistèrent ; je protestai contre cette violence ; je les menaçai de me plaindre à l'ambassadeur de France , et je demandai à être conduit chez le gouverneur de la ville. Mais, soit que cette opération ténébreuse ne fût pas autorisée par le gouvernement , soit que les douaniers se sentissent coupables de quelques exactions , que ma plainte pouvoit faire découvrir, la menace produisit son effet ; ils se désistèrent de leurs prétentions , et nous rendirent , quoique d'assez mauvaise grâce , notre liberté.

Terracine.

L'aspect des rochers de Terracine et des ruines qui les couronnent, ont éveillé ma curiosité et excité la loquacité de mon compagnon. C'est, dit-il, l'Anxur des anciens, la capitale du pays des Volsques. D'abord située au sommet de la montagne, puis à mi-côte, elle s'est étendue, de nos jours, sur le rivage de la mer. L'on y a construit plusieurs beaux édifices ; entre autres une porte, espèce d'arc de triomphe sous lequel passe la célébre *Via Appia ;* un édifice à trois étages, avec un portique pour la douane ; en face, la maison de la poste ; et sur le penchant de la montagne, un véritable palais, pour l'administration des travaux pontins. On a aussi nettoyé l'ancien port qui étoit ensablé, et l'on a construit dans le voisinage de beaux greniers ; enfin, on a creusé dans le roc de vastes puits, pour y conserver l'huile. La ville doit tous ces avantages, et celui bien plus important de l'assainissement de l'air, au pape régnant.

Il est difficile de concevoir qu'Anxur occupât autrefois une île, comme le fait entendre un auteur ancien (1); car elle est dominée, au nord et au couchant, par de très-hautes montagnes, comme l'indique le nom de *Trachina* et *Tarrachina*, dont on a fait celui de Terracine. On sait les difficultés que les Romains éprouvèrent pour s'en rendre maîtres ; et du temps d'Horace elle étoit encore située sur une hauteur.

Impositum saxis latè candentibus Anxur.

On voit au sommet du mont San-Angelo, et auprès du monastère de ce nom, les restes de vastes constructions qu'on attribue à Théodoric. Après avoir desséché les marais Pontins et reconstruit Terracine, le souverain des Goths, enchanté de l'aspect dont on jouit sur ces hauteurs, y fit ériger un palais magnifique, et résolut d'entourer la ville de murailles et de fortes tours, dont plusieurs sont encore sur pied ; mais

______

(1) Le grammairien Solin, dans son *Polyhistor.*

la mort le surprit avant qu'il achevât ces grands ouvrages. Ce même lieu servoit précédemment de citadelle, et l'on y voyoit le temple de Jupiter *Anxuris*. Leandro Alberti dit qu'il y existe un théâtre antique, de forme carrée. Kircher et Contatori, qui en parlent aussi, ont sans doute pris les substructions, ou murs de terrasse du palais de Théodoric, soutenus par des arcades plein cintre, pour les restes de ce prétendu théâtre (1); car les anciens connoissoient trop les convenances pour donner une forme carrée aux constructions destinées à l'usage de la scène.

Sous ces ruines, on voit une excavation dont l'ouverture est dirigée vers le midi. C'est un ouvrage de la nature, à en juger par les stalactites qui pendent de la voûte et qui en tapissent les parois. Lorsqu'on pénètre dans les cavités les plus reculées de cette grotte, on y entend, dit-on, le murmure des vents et le bruit des flots de la mer.

On croit que ce lieu a servi de retraite aux premiers chrétiens, qui venoient, lors des persécutions, y pratiquer les mystérieuses cérémo-

---

(1) M. Daginourt, Histoire de l'Art, partie de l'architecture, Planche 17, donne le plan et les détails de ces anciennes constructions, dont les pieds droits, les impostes et les cintres sont appareillés avec soin. Le reste de la bâtisse, ainsi que les tours et murs de la ville, sont en blocage, ou *opus incertum*, revêtu d'un stuc.

nies de leur culte. Mais les eaux, de nature sulfureuse, qui ruissèlent de toutes parts sous ce
rocher, font présumer qu'on y avoit pratiqué
des bains; et l'on y trouva, il y a une cinquantaine d'années, des tuyaux de plomb, une statue
de femme en marbre blanc, et d'autres fragmens de matières précieuses, qui devoient orner
ces salles de thermes.

Le roc pyramidal de Terracine (*Pl. XVII*),
qu'on nomme *Pesculo* ou *Pescio montano*, étoit
autrefois couronné d'une redoutable forteresse
qui dominoit le chemin de la Campanie, et pouvoit en défendre l'abord à une armée nombreuse, qui n'auroit pas franchi impunément
cet étroit passage. Le rocher est isolé de trois
côtés, et ne tient presque à la montagne que par
sa base. Il est taillé à pic, comme une muraille,
sur une hauteur de plus de deux cents pieds.

Le censeur Valerius Flaccus, que Caton, son
ami et son collègue, fit élire prince du sénat, après
s'être occupé à extirper le luxe qui commençoit à
s'introduire dans Rome, entreprit de grands ouvrages d'utilité publique. Au nombre de ces ouvrages on compte le projet hardi de trancher le
promontoire de Terracine sur toute sa hauteur,
et jusqu'au niveau du rivage de la mer, pour ouvrir
une issue à la route de Naples, qui auparavant
faisoit un grand détour, et traversoit des mon-

PESCIO MONTANO.

tagnes escarpées (1). Cette entreprise gigantesque s'exécuta en retranchant du rocher, et sur toute sa hauteur, une portion suffisante pour le passage de deux chars. Les morceaux détachés de la masse, et jetés dans la mer, formèrent une jetée qui repoussa les flots ; et, sur le côté de la voie, on réserva un trottoir avec un parapet et des bornes saillantes, pour donner la facilité de monter à cheval et en voiture (2).

Tite-Live (3) dit seulement que ce travail eut lieu aux fontaines de Neptune (*Neptunias aquas*), sans indiquer précisément l'endroit où elles se trouvoient. Mais Vitruve nous apprend que les sources de Neptune ou de Charonie, dont les eaux étoient malfaisantes pour les hommes et les animaux, existoient à Terracine, et qu'elles tomboient du rocher même dans la mer.

Indépendamment de la beauté et de la grandeur de cet ouvrage, il offre encore une particularité singulière dont on ne s'est pas assez

---

(1) Cluverius, Steph. Phigius, et Scott dans son Itinér. ital., sont tous de cet avis, et laissent à Valerius Flaccus l'honneur de cette entreprise. Nous ne savons sur quel fondement Ant. San-Gallo l'attribue à Antonin-le-Pieux.

(2) Ce même rocher, qui est une espèce de brèche, fournit encore d'excellens matériaux dont on s'est servi pour la bâtire et la réparation de l'antique Voie Appia qui traverse les marais Pontins.

(3) Tite-Live (*lib. XXXIX*), parlant des ouvrages faits par les censeurs avec les deniers publics, dit : *Flaccus molem ad Neptunias aquas, ut iter populo esset, et viam per Formiarum montem stravit.*

occupé. Je veux parler d'inscriptions ou plutôt de cartels réservés sur la paroi du rocher, et qui, placés l'un sur l'autre, et de dix pieds en dix pieds, portent des chiffres romains à partir du n° X, et en redescendant jusques et compris le n° CXX. Ces caractères sont d'une proportion telle que ceux d'en-haut, quoique très-élevés, se distinguent aussi bien que ceux du bas, et paroissent de la même grandeur; l'adroit sculpteur ayant augmenté le volume de ces chiffres en raison de la distance et de la diminution progressive des facultés visuelles.

Vers 1530, Ant. San-Gallo, architecte et ingénieur, remarqua ces cartels, et en fit des dessins que l'on conserve dans la collection de la galerie de Florence (1). On y reconnoît la situation de ces cartels, et leur forme carrée, se terminant en queue d'aronde, comme beaucoup d'inscriptions tumulaires. Enfin leur mesure est indiquée dans cette note écrite en marge par l'artiste :

Questo si e un sasso tagliato per Antonino Pio (2), *e nal taglio si e lassato questi epitaffi con*

---

(1) Nos 273 et 278 de la collection. Cet artiste, architecte, ingénieur, sculpteur en bois, et savant dans l'économie rurale, étoit le frère du célèbre Juliano San-Gallo. Il mourut en 1534. On voit le tombeau de cette famille à Santa-Maria-Novella de Florence. Les dessins dont il est question ici m'ont été communiqués par le savant M. Dufourni, membre de l'Institut.

(2) Voir la note (1), page 13.

questi numeri; e sono larghi, quello da basso palmi 2 dito 4 : e li altri pajono piedi 2 (sic) e dal di sopra, dal ultimo per sino al di sopra del penultimo vi sono palmi 4. o (sic). Et sur un autre dessin : *Sasso vivo tagliato a Terracina, per far la strada al lido del mare ; segnato da dieci in dieci pie, come è disegnato.*

D'après la première de ces notes on croiroit que la diminution des cartels n'est pas progressive, et dans des rapports exacts. Au reste, ils peuvent nous fournir un renseignement plus précieux, c'est la faculté de confronter ces mesures vraiment antiques avec une foule d'autres qui ont offert des différences très-sensibles; et, comme celles-ci nous donnent une longueur totale de cent vingt pieds romains, on pourroit en déduire la longueur exacte de cette mesure qui a été le sujet d'un si grand nombre de conjectures.

On trouve en effet des pieds romains gravés sur des murailles, sur des tombeaux d'arpenteurs ou d'architectes. On en a même découvert en fer, en bronze, en cuivre. On a aussi déduit le pied romain, de la capacité du *congius* de Vespasien, ou de la longueur du mille ; et toutes ces mesures varioient, soit qu'elles fussent en effet différentes, suivant les lieux, soit que le temps en eût altéré les proportions (1). On pourroit

____

(1) Dans les derniers travaux des marais Pontins, ayant trouvé

donc, en mesurant avec attention les divisions du rocher de Terracine, contrôler les autres mesures du pied, et avoir une moyenne proportionnelle fort exacte. Mais il se présente ici une difficulté. On sait, il est vrai, que d'un cartel à l'autre il y a dix pieds; mais, comme la hauteur de ces cartels varie sans doute aussi bien que la largeur, comment trouver la mesure exacte? Est-ce du bord supérieur d'un cartel au bord supérieur de l'autre, ou de milieu en milieu? Il auroit fallu, pour m'en assurer, le temps et les moyens qui me manquoient.

Quoi qu'il en soit, ces cartels indiquent au moins, à ce qu'il me semble, la salutaire frayeur que l'inflexible sévérité de censeurs, tels que Caton et Flaccus, avoit inspirée aux ouvriers et aux entrepreneurs chargés de cet important travail. Comme il s'agissoit ici des deniers publics, on ne pouvoit en constater l'emploi d'une manière trop positive. En conséquence, les entrepreneurs, pour prouver, non seulement aux censeurs, mais encore au peuple entier,

---

deux bornes milliaires, encore en place, on en a déduit la mesure du pied romain. Le mille, composé de mille pas géométriques, chacun de cinq pieds, équivalant à 658. 5. cannes modernes, le pied antique étoit de 15 $\frac{301}{1050}$ onces. Les autres pieds connus varioient de 1307 ¼ à 1314 ⅛ dixièmes de ligne du pied-de-roi. Et la palme de Rome étant au pied de Paris comme 990 est à 1440, il en résulte que le pied pontin est de 1303 dixièmes de ligne.

l'authenticité de travaux dont l'exécution étoit si difficile, tracèrent ces numéros, qui en effet devoient rendre témoignage des progrès successifs de l'ouvrage, en marquant la quantité dont le rocher s'abaissoit à mesure. C'étoit aussi le compte écrit de leur marché ; et, pour que d'un coup d'œil on pût suivre aisément le nombre des chiffres, ils augmentèrent la proportion de ceux qui étoient les plus élevés.

Après avoir visité les objets les plus curieux de la ville de Terracine, je désirai prendre une idée des fameux marais Pontins qui s'étendent presque jusqu'à ses portes. J'en avois le loisir, car il étoit arrivé un accident à la voiture qu'il falloit réparer. Je chargeai mon compagnon de voyage de ce soin ; je lui donnai rendez-vous à Cisterna pour le lendemain au soir ; et, malgré ses craintes, sa sollicitude et ses instances, je partis pour cette périlleuse expédition, accompagné d'un guide qui avoit surveillé les derniers travaux. Nous devions suivre d'abord la crête des montagnes par l'ancienne route de Piperno, redescendre ensuite dans les marais pour les traverser, tantôt en *sandalo*, bateau plat extrêmement léger, tantôt à pied sec. En me quittant, mon compagnon me remplit les poches d'ail, et me munit d'un flacon plein d'une liqueur qui devoit me garantir de l'influence de l'*aria cattiva*. Une précaution plus utile fut celle d'emporter un fusil de chasse, pour tirer les canards sauvages et les bécassines qui se réfugient en grand nombre dans ces forêts d'immenses roseaux.

LETTRE XXIX.

Notice historique et descriptive des marais Pontins.

Cisterna.

LES marais Pontins occupent une plaine de vingt milles de longueur sur dix milles de largeur, bornée d'un côté par les Apennins, sur la ligne de Sermoneta, Sezze, Piperno, Terracine; et de l'autre, par une suite de coteaux qui partent du mont Circello, et séparent les marais, de plusieurs petits lacs qui paroissent formés par les eaux de la mer. Entre le mont Circello et Terracine, les eaux stagnantes s'étendent jusqu'à la mer, et y trouvent leur écoulement. La portion de la campagne de Rome qu'elles occupent étoit autrefois si fertile, qu'on la nommoit Féronie, d'un temple érigé à cette déesse, protectrice de la reproduction des plantes.

En effet, les Romains considéroient l'*Ager Pontinus* (de Pontia ou Pometia, sa capitale), comme le grenier de Rome (1). Il étoit rempli

______

(1) *Horreum Romanum*; et Ciceron (*in Verrem*), *fertilissimum setinum*.

a

de villes, de châteaux et de maisons de plaisance. Pomponius Atticus, Mécène, Auguste lui-même, y venoient oublier le fracas des grandeurs, et jouir des rians tableaux que leur offroient les plaisirs et les travaux de la campagne. Les monts étoient, à cette époque, couverts de forêts d'oliviers ; les coteaux, de vignes ; et les plaines étoient coupées de ruisseaux et d'étangs. La chasse, la pêche, les fêtes de la moisson et des vendanges y attiroient les habitans de Rome. On peut donc en inférer que l'on avoit trouvé le moyen d'y restituer à l'air toute sa salubrité.

Déjà, lorsqu'Appius Claudius entreprit de construire la célèbre voie qui porte son nom, et qui traverse les marais Pontins, il rétablit les digues, et nettoya ce terrain envahi par les torrens débordés. Sous le consulat de Cornelius Cethegus, on travailla encore au desséchement. Mais il ne s'effectua tout-à-fait que sous Auguste. Au moyen d'une surveillance active et de travaux bien entendus, cette plaine recouvra sa salubrité et tous ses avantages ; elle les conserva même pendant plus de quatre cents ans, jusqu'à l'incursion des Barbares et l'éloignement des empereurs de l'Italie.

Sous Théodoric, un simple particulier, dont le nom mérite d'être connu, Cecilius Decius (1),

____

(1) Cassiodore ; *Variar.*, *lib. II*, *epist.* 32.

proposa de dessécher ces marais. On connoît les décrets par lesquels on lui concéda les terrains qu'il parviendroit à soustraire aux eaux ; et une inscription, conservée à Terracine (1), prouve que cette hardie entreprise fut couronnée du succès.

Vers la fin du cinquième siècle (2), la peste, la famine, et, par-dessus tout, l'invasion des Barbares qui avoit dépeuplé l'Italie, firent abandonner les travaux entrepris et suivis avec tant de constance par les Romains pour purger la totalité de leur pays des eaux stagnantes. Les torrens et les fleuves, n'étant plus contenus, avoient partout renversé leurs digues et comblé les canaux. Le sol se couvrit en grande partie de marais et de bois ; et ce ne fut que long-temps après, que Ravenne, Brescia, Mantoue, Ferrare, Cosme et Modène sortirent de la fange. Les écrivains de cette époque parlent surtout avec horreur des marais Pontins.

Lorsque les Goths furent enfin chassés d'Italie, les papes tournèrent leur sollicitude vers l'assainissement de la campagne de Rome. Boniface VIII fut le premier qui s'occupa sérieusement de cet objet. Mais le Siége apostolique

---

(1) Rapportée par Bolognini, Mem.

(2) Muratori, *Dissert.* 21 ; et Paul Diacre, *lib. II, cap.* 26.

ayant été transféré à Avignon, les travaux languirent. Repris avec plus ou moins d'activité par un petit nombre de pontifes, ils ne furent jamais terminés.

La fréquente mutation des souverains peut être considérée comme une calamité publique, ou au moins comme un obstacle à la prospérité d'un pays, et à l'exécution des grandes entreprises. A l'âge où, pour l'ordinaire, les cardinaux sont élevés sur le trône pontifical, le terme trop borné de la vie ne leur permet pas d'exécuter ce qu'ils avoient projeté (1). D'ailleurs, les souverains n'ont pas tous les mêmes goûts : celui qui protège les arts peut avoir pour successeur un prince passionné seulement pour les lettres. De cette variété de goûts provient cette multitude de monumens commencés, laissés, repris, et abandonnés enfin pour toujours. C'est par la même raison que la basilique de Saint-Pierre a subi de si nombreux changemens de la part de chacun des artistes qui ont été tour à tour les ordonnateurs des travaux. Et cette basilique, devenue néanmoins l'édifice le plus

____

(1) Nous ne sommes pas ici du même avis que Duclos (Considérations sur l'Italie, pag. 64), qui prétend que tous les travaux entrepris par les papes ont été suivis avec persévérance, etc.; quoiqu'il avoue ensuite que la durée de chaque pontificat n'est évaluée qu'à sept ans, et que chaque pape songe plus à jouir, qu'à corriger et à affermir l'administration.

étonnant de l'Europe, quant à sa dimension et à la richesse de ses ornemens, ne laisse pas moins à désirer sous le rapport de l'unité et de l'ensemble de ses parties.

Un coup d'œil, jeté sur la situation où se trouvoient les marais Pontins au milieu du siècle dernier, donnera la mesure de la reconnoissance qu'on doit au souverain pontife Pie VI, dont le long et glorieux règne a été si utile au pays qu'il gouvernoit. Le bien général ne s'opère qu'au moyen du sacrifice des intérêts particuliers ; et l'on éprouve presque toujours une forte opposition de la part du peuple pour le forcer à être mieux. Le froissement de quelques habitudes, la privation d'avantages momentanés, ne lui permettent pas d'apercevoir des résultats heureux ; et il donneroit tout son avenir pour un moment de satisfaction. Les habitans de l'*Agro Pontino* se plaignirent hautement lorsque, pour parvenir au but que le pape s'étoit proposé, il fut question de leur ôter, ou au moins de limiter, leurs anciens droits de pâture, de chasse, de pêche, et la faculté de couper du bois dans ces marais.

Cependant, ces coutumes étoient en partie cause de l'empiétement successif des eaux. La pêche, qui est très-abondante, nuit à leur écoulement par les obstacles que les pêcheurs ne cessent d'y opposer, en plantant des piquets au travers du courant, et en les réunissant par des treillages serrés, qui se remplissent de fange, de détrimens d'herbes et de feuillages, et forment enfin de véritables murs qui obstruent le passage des eaux, et les font déborder.

Il en est de même de la permission d'abattre du bois, qu'on ne peut souvent aller chercher qu'en bateau, et dont les menus branchages restent sur le lieu même, et forment d'inextricables embarras. D'un autre côté, la liberté de la pâture fait que les animaux, marchant au hasard sur ces terres détrempées, dégradent la pente des chaussées, et entraînent des débris qui comblent ou rétrécissent le lit des canaux.

Si les habitans riverains s'étoient contentés de faire valoir le droit de desséchement partiel, *jus civico di bonificare*, et qu'ils se fussent entendus pour les pousser tous dans le même sens et avec une persévérance éclairée, ils auroient évité beaucoup de peine et de dépense au gouvernement. Mais chacun suivoit son projet particulier, sans s'embarrasser de ses voisins. Les eaux, repoussées d'un côté par une forte digue, venoient briser de plus foibles obstacles; et souvent leur affluence, pendant l'hiver, éteignoit les jalousies, en renversant toutes ces barrières, et ruinant indistinctement des travaux exécutés sans ordre, sans concert et sans intelligence.

Néanmoins, l'annonce d'un projet général de desséchement faisoit craindre que le fisc ne s'emparât de ces terrains, et ne privât les particuliers du droit qu'ils s'étoient arrogé par prescription. Quelques médecins et physiciens, joignant l'autorité d'un prétendu savoir aux clameurs de leurs compatriotes, avançoient que le remuement des terres fangeuses, et même la culture de ces terrains, pouvoient augmenter l'action délétère de l'air, et causer des maladies. D'autres, plus adroits, prétendoient que le desséchement étoit impossible, parce que le fond des marais étoit rempli de fondrières et de sources qu'on ne pourroit tarir, et qui inonderoient toujours ces bas-fonds. L'assurance qu'on leur donnoit, qu'il n'existoit point de sources dans la partie où le desséchement avoit été commencé, ne changeoit rien à leur opinion.

Il est démontré, cependant, que le terrain n'y est point mouvant. Les nombreuses ruines des villages et des maisons de plaisance antiques, les énormes chênes et hêtres qui sont venus au milieu de ces marais, quoique leur tronc soit souvent inondé à la hauteur de plusieurs pieds, en sont la preuve la plus évidente. D'ailleurs, si, dans quelques endroits, les eaux ne pouvoient trouver leur écoulement au moyen de canaux et de saignées, on étoit toujours à même de les combler par la suite.

Quoi qu'il en soit, le souverain pontife ne fut point intimidé par des clameurs qui s'élèvent toujours contre les grands et utiles projets : il sut les faire cesser en montrant beaucoup de fermeté, et de confiance dans les lumières des personnes qu'il chargea de la direction de ces importans travaux. Et la grande idée qu'il avoit conçue, la noble ambition d'acquérir le titre de bienfaiteur de son pays, le soutinrent dans cette entreprise, et la firent enfin réussir.

Dès son exaltation au Saint-Siége, en 1775, plusieurs compagnies s'étoient présentées pour le desséchement. Des ingénieurs, des savans, des artistes furent envoyés sur les lieux ; un plan général fut arrêté, et l'on commença les travaux en 1777. J'ai déjà dit que plusieurs papes avoient tenté de rendre à la culture ces terrains inondés ; mais aucun n'avoit songé à faire sortir la célèbre voie *Appia* du milieu des eaux, et à la restituer à son usage primitif.

Ce fut un spectacle bien intéressant, lorsqu'on vit reparoître cette antique route qui, pendant un si grand nombre de siècles, avoit été ensevelie sous ses ruines, ou cachée par les arbres, les broussailles et les attérissemens. Les habitans des environs accoururent à l'envi pour être les premiers à fouler de nouveau un sol qui ne l'avoit pas été depuis les temps antiques. On admira ces énormes quartiers de travertin qui composoient les épaulemens ou les parapets de la chaussée, la mettoient à l'abri des inondations, et servoient de pavés. On retrouva de beaux ponts construits de distance en distance pour donner issue aux torrens. On espéroit découvrir les bornes milliaires plantées le long de la route, mais il n'en existoit plus que deux sur pied : l'une portoit le numéro XLII, et l'autre le numéro XLVI.

On mesura aussitôt et avec beaucoup de soin, l'intervalle compris entre ces bornes ; et il en résulta que la longueur du mille romain étoit de 658. 5. cannes modernes. Cette mesure, reportée le long de la route, servit à retrouver les autres bornes, ou à en rétablir de nouvelles ; et devint une échelle pour diviser à droite et à gauche les terrains marécageux par des canaux et des plantations. On enleva ensuite ces deux colonnes milliaires pour les placer en avant du petit palais de Mesa, où on les voit aujourd'hui.

Les artistes regrettèrent avec raison le déplacement de ces cippes antiques, ainsi que la destruction de plusieurs tombeaux et autres antiquités placées sur les bords de la route ; et surtout d'une tour dite *Ottofacie*, à cause de sa forme. La construction de cette tour, l'une des plus élevées de toute cette côte, et on y en voit un grand nombre, devoit remonter au temps du Bas-Empire; et son aspect étoit aussi agréable que pittoresque. Mais elle occupoit une portion de la route; d'ailleurs, ayant été maintes fois frappée de la foudre, elle menaçoit ruine; et on se servit des matériaux pour le rétablissement des ponts et du chemin. Dans plusieurs endroits ils s'étoient écroulés par l'effort des eaux, ou avoient été interrompus par des coupures faites à dessein pour donner passage aux bateaux des pêcheurs, et aux trains de bois qu'on coupoit journellement dans les marais. —

Il falloit même que la construction de cette voie eût été faite avec un soin tout particulier pour que, malgré tant de causes de destruction, il en existât quelques portions. Elle traversoit les marais en ligne droite; et, du côté de Cisterna, elle passoit sur un pont antique de trois arches. En cet endroit, dit *Tre-Ponti*, étoit planté le 39e mille à partir de Rome. Quelques milles plus loin, entre le 41e et le 42e, il existoit un autre pont d'une seule arche. Et au 57e mille, proche Terracine, on voyoit le troisième et le plus beau, dit *Maggiore*. (*Planche XVIII.*)

Ces ponts, très-solides, mais dont les ouvertures étoient presque comblées, formoient au-

PONTE MAGGIORE.

tant d'obstacles à l'écoulement des eaux, qui alors s'étoient fait passage au-dessus ou au-dessous, en renversant la chaussée appareillée moins solidement que les ponts, de manière que les torrens, sortis de leur lit accoutumé, avoient dans leur course couvert et infecté toute la plaine.

Pour mieux apprécier la grandeur de l'entreprise, jetons un coup d'œil en arrière, et voyons quel étoit l'état de ces marais avant Pie VI. Traversés par trois fleuves ou courans principaux, le *Fiume Lungo*, la *Cavata*, et les trois torrens réunis de la *Puzza*, *Ninfa* et *Tœppia* qui, depuis leur entrée dans ce vallon jusqu'à leur embouchure dans la mer, parcourent un espace de 3o milles, sur environ 6o palmes de pente, le moindre défaut de ces courans étoit de suivre des lignes tortueuses le long des coteaux qui se trouvent entre la mer et les marais, et de perdre par là une partie de leur rapidité. On vouloit former un canal à travers ces coteaux, d'ailleurs peu élevés ; les eaux, ne parcourant alors que 13 milles au lieu de 3o, en auroient acquis le double de rapidité ; et, au lieu de courir vers Terracine, elles se seroient jetées dans la mer entre les petits lacs de Monaci et de Caprolaccio, près la tour de Fogliano (1).

____

(1) Ce projet n'a point été adopté. Peut-être a-t-on eu tort ; car, depuis l'époque à laquelle j'ai traversé les marais, ils ont été

C'est particulièrement la *Tæppia*, torrent fougueux provenant des montagnes de Velletri, qui est le dévastateur de l'*Ager Pontinus*. Au lieu de couler droit à la mer en passant sous la Via Appia, il se dévioit vers le levant avant d'arriver au pont, et alloit porter ses eaux fangeuses dans le centre des marais qu'il faisoit gonfler prodigieusement pendant l'hiver.

Un autre torrent, *il Fosso di Cisterna*, prenoit une semblable direction entre la Via Appia et la mer, et propageoit l'inondation de ce côté.

Le pape Martin V avoit voulu remédier à ce grave inconvénient, et repousser l'invasion de ces deux torrens. Il fit faire à cet effet un profond canal auquel on donna son nom (Rio Martino), et qui devoit réunir les eaux de la Ninfa, de la Tæppia, et du Fosso di Cisterna ; mais à la mort de ce pape, cette entreprise, déjà fort avancée, fut abandonnée.

Sixte-Quint eut aussi la vaste idée d'opérer le desséchement des marais, en formant un immense canal qui auroit réuni toutes les eaux, et les auroit déchargées dans la mer, entre le lac de Paola et Terracine. Il poussa même les travaux jusqu'à la mer : mais les eaux ayant à

en partie envahis par les eaux ; ce qui motive de nouveaux travaux et de nouvelles théories. Voir le *Saggio*, etc. , de Vitt. Fossombroni, publié dans les Mémoires de la Société italienne des Sciences, tom. XVII.

parcourir un espace immense, et la pente n'étant pas assez considérable, ce canal fut bientôt comblé par la vase et les attérissemens; et les eaux qui ne pouvoient plus arriver jusqu'à son embouchure, refluèrent dans les marais.

Quoique plusieurs autres souverains pontifes eussent travaillé au desséchement, le mal alloit toujours en augmentant; et il faisoit de tels progrès, qu'un vieux batelier qui accompagnoit l'ingénieur Angelo Sani, envoyé pour faire une reconnoissance dans les marais en 1759, lui certifia que, dans les endroits même qu'ils visitoient alors en bateau, il avoit souvent chassé à pied sec trente ans auparavant.

La cause du mal étant connue, car on l'attribuoit avec raison à l'affluence des eaux supérieures qui de toutes parts venoient, en suivant la pente naturelle du terrain, se réunir dans le fond des vallons dont elles ne pouvoient plus sortir, on devoit naturellement chercher à les en écarter. Cependant il étoit impossible, comme on l'avoit déjà tenté, de les réunir toutes dans un même canal.

On prépara donc trois lits indépendans l'un de l'autre, dirigés autant que possible vers les bords et même hors des limites du marais. A cet effet, les eaux de la Ninfa, de la Tæppia, et celles du Fosso di Cisterna, furent portées vers les limites naturelles des marais du côté du midi, dans le canal de Sixte-Quint qu'on réunit avec le *Portatore* que les anciens avoient poussé jusqu'à la mer, et dont l'embouchure se trouve proche la tour de Badino.

Les eaux de l'Ufento et de l'Amaseno, qui inondent la partie septentrionale des marais, furent aussi éloignées de leur centre au moyen de digues qui les dirigèrent vers le pont Maggiore où elles se jettent aussi dans le Portatore.

Enfin, le centre des marais étant délivré des courans étrangers, il falloit encore le purger de l'amas des eaux pluviales. On traça un vaste canal nommé *Linea Pia*, qui, longeant la route antique dans toute sa longueur (*Planche XIX*), aboutit vers le pont Maggiore au Portatore, ainsi que plusieurs autres canaux parallèles à la route, et qui tendent à dessécher complétement le terrain de toutes les eaux surabondantes.

Au moyen de ce plan, dont la simplicité est une des plus grandes qualités, on est parvenu à se rendre maître du plus intraitable des élémens, et de restituer à l'agriculture une immense quantité d'excellentes terres. Le détail des opérations qu'on a employées pour parvenir à résoudre ce grand problème mis en doute depuis Auguste, est aussi intéressant qu'ingénieux (1).

---

(1) On peut consulter, à ce sujet, l'ouvrage de Nicolaï, *de*

MAISON DE POSTE DE BOCCA DI FIUME.

Pour vaincre les ennemis les plus dangereux, c'est-à-dire les torrens qui venoient affluer, se perdre dans les marais, et y porter le fatal tribut de leurs ondes chargées de vase et de détrimens putrides, on a enfermé ces eaux entre des berges très-élevées, et on a détourné leur cours. En d'autres endroits on a fait de larges et profondes saignées (*scoli*), qui rassemblent les eaux stagnantes, et les portent vers les principaux canaux. Sur les digues (*arginature*) formées de terre battue, on a planté des arbres dont les racines forment une sorte de réseau qui empêche les terres de céder à leur propre poids, et d'être entraînées dans le fond des canaux d'où on les a tirées.

En un mot, ayant suivi constamment un plan bien arrêté, et dont une expérience de plusieurs années a prouvé la bonté, on est parvenu à changer l'aspect et la nature de ces lieux, naguère si horribles, et on en a fait un vaste jardin. C'est même avec un plaisir qui n'est plus mêlé de crainte, que le voyageur le traverse sur une magnifique chaussée, droite, bien pavée, ombragée de beaux arbres, et bordée de canaux dont l'évaporation n'a, dit-on, plus rien de nuisible, et ne sert qu'à rafraîchir l'atmosphère.

Bonificamenti delli terre Pontine. On y trouvera les plans des marais, et des travaux qui y ont été faits jusqu'en 1800.

On n'aperçoit même presque plus d'eaux stagnantes ; elles sont remplacées par un sol ferme, stable, tapissé de gazon et couvert de troupeaux, ou converti en terres labourables. Là où croupissoit une eau infecte, on voit mûrir l'odorant melon, l'aubergine pourprée, le raisin muscat ou la fraise parfumée. Car à peine les eaux sontelles retirées, que la terre se couvre de productions de toute espèce. Les progrès de la végétation des arbres y sont surtout extraordinaires : deux doubles rangs d'ormes, qui bordent la voie, plantés en 1787, sont déjà de très-grands arbres ; ailleurs, des peupliers et des saules ont atteint toute leur hauteur. L'air sans cesse battu, rafraîchi par l'agitation du feuillage, corrigé par les émanations des fleurs et des plantes, acquiert les qualités qui le rendent respirable, et il s'assainit de plus en plus, à mesure que la culture s'étend, et que la population et les feux augmentent.

Aussi cherche-t-on, par tous les moyens, à ramener des habitans dans ce canton. L'on a établi le long de la route quatre maisons de poste (1), des auberges, des greniers, des moulins et des fours ; on a même construit plusieurs

____

(1) Voir la Planche XIX, représentant la maison de poste de *Boccadifiume*. On y remarque, en outre, le grand canal bordé d'arbres, et la plaine desséchée et couverte de troupeaux.

maisons pour les ouvriers, les employés et les chefs surveillans; elles ont l'apparence de palais d'une architecture élégante, et l'on n'y a rien ménagé pour en rendre l'habitation agréable. On a aussi érigé un couvent, et une jolie église desservie par des capucins. Enfin, les terres ayant été divisées en lots et louées par bail emphytéotique, on y a déjà construit quelques fermes. Il s'y formera bientôt des villages; et cette plaine, naguère si mal saine, redeviendra le grenier de Rome et du reste de l'Italie.

LETTRE XXX.

Campagne de Rome, comparée à la *Campania Felice*. — Anecdote sur le Vésuve. — Arrivée à Rome.

J'ai rejoint à Cisterna mon compagnon. Le produit de ma chasse a fait excuser l'imprudence de ma tournée, et nous nous sommes hâtés de continuer notre voyage à travers un pays qui réveille, soutient, exalte l'imagination, et que j'aurois parcouru pas à pas, si je n'avois eu l'espoir de le visiter dans le plus grand détail.

Quelle différence, néanmoins, s'écrie mon exalté contempteur de sa propre patrie, de ces cantons désolés, presque déserts, parsemés de ruines et sans cesse enveloppés d'une atmosphère mal saine, avec les délicieux et embaumés vallons de la Campanie, qui ont mérité et retiennent encore le surnom d'heureux, *Campania felice !* Comparés par les anciens à leurs Champs-Elysées, il ne leur manque que d'autres habitans pour en faire un véritable paradis.

Il faut, ajoute-t-il, qu'avant de nous quitter je vous fasse le récit de l'une de mes dernières promenades sur les croupes du Vésuve, et d'une scène fort étrange qui a eu lieu en cet endroit.

Nous approchions de Rome; nous allions bientôt nous quitter, pour ne plus nous revoir; il falloit faire un dernier acte de complaisance. Je m'établis à cet effet le plus commodément possible dans l'angle de la voiture; je croise les bras, et dis à mon conteur que j'étois prêt à l'entendre. Il profite aussitôt et avec empressement de ma bonne volonté, pour commencer son récit.

« J'habitois Portici, et ne pouvois me lasser d'en admirer les sites pittoresques. Un matin, je parcourois les pentes de la Somma et du Vésuve. Le volcan étoit alors en repos : à peine s'échappoit-il de son cratère une légère fumée, semblable à un réseau transparent, qui ne ternissoit pas l'azur du ciel, et servoit moins à annoncer le danger, qu'à rappeler le souvenir des lois de la prudence, et à jeter une ombre vague et légère sur l'agréable tableau qui s'offroit en cet instant à mes regards, et qui le rendoit plus piquant. J'errois dans un vallon ombragé çà et là par quelques arbres; des vignes serrent leurs troncs, s'élèvent jusqu'à l'extrémité des branches, d'où leurs pampres pendans et balancés ont été portés, par les vents, aux branches de l'arbre voisin, et forment des guirlandes de verdure qui réunissent l'amandier au sycomore et le peuplier au tremble ; tandis que le superbe pin-parasol, dont l'écorce rougeâtre et souvent dépouillée s'affranchit de toute étreinte parasite, élance sa tête sphérique bien au-dessus de tous les arbres de la vallée ; ces ombrages abritent des arbustes et des plantes potagères qui semblent croître à la hâte pour échapper au sol brûlant qui précipite leur existence, et en abrège la durée. L'homme y a jeté, presque au hasard, la semence qu'il confie aux soins de la nature, plus active que lui ; sûr, en effet, de bientôt recueillir, non le fruit de ses labeurs, mais l'aliment de sa paresse.

» Je marchois au hasard au milieu de ces vergers et de ces prairies où je n'étois distrait par d'autre mouvement que par celui des troupeaux errans sans conducteur sur la crête des monts, ou des oiseaux bien plus libres, qui, balançant leur vol sur la cime des arbres, prenoient à discrétion leur part des fruits qui appartenoient moins à l'homme qu'à la Providence.

» Mes pensées empruntoient, de l'éclat et de la fraîcheur des objets dont j'étois entouré, un calme et une sérénité complète. Plongé dans une douce rêverie que ce spectacle solitaire avoit fait naître, et qu'il entretenoit, je suivois machinalement la route sinueuse de la vallée, lorsque je fus arrêté, à son extrémité, par une clôture de roseaux, remarquable par de petites croix dont elle étoit surmontée. Elle bordoit un jardin entouré lui-même de cendres et de détrimens que le volcan avoit vomis dans ses éruptions.

» Une maisonnette ombragée par des arbres fruitiers, et dont les murs étoient tapissés de vigne, s'offrit à ma vue ; tout auprès, une chapelle élégante et ornée de peintures sembloit avoir servi de barrière à un ruisseau de lave qui s'avançoit comme une presqu'île jusqu'au milieu de la vallée, et formoit une ligne aride et noirâtre, au milieu d'un tapis de verdure émaillé de fleurs.

» Je me dirigeai vers la maison ; un vieillard infirme, assis à la porte, sur un banc de pierre, se réchauffoit aux rayons du soleil ; il étoit entouré de ses enfans. Toute la famille se réunit pour m'offrir des rafraîchissemens que j'acceptai volontiers.

» Avant de commencer ce repas du soir, les enfans s'étoient agenouillés devant l'oratoire, et avoient récité quelques prières, tandis que le vieillard, ôtant son bonnet, et joignant les mains sur son chapelet, avoit aussi prié avec ferveur. Je n'étois pas surpris de la dévotion de ces bonnes gens ; mais je m'étonnois qu'ils eussent construit eux-mêmes la chapelle, qui paroissoit plus soignée qu'il n'appartenoit à une pauvre famille; car je n'apercevois dans cet endroit aucun village.

» Mon hôte se fit un plaisir de répondre à mes questions. Il est vrai, me dit-il, que ma famille n'est pas la seule qui ait contribué à l'érection de ce monument pieux; il est le fruit de la ferveur religieuse, le but des pèlerinages de tous les habitans des environs; et il conserve la mémoire d'un miracle dont la divine Providence a voulu honorer ma maison.

» Il y a quarante-six ans (1) que le Vésuve, en ce moment si paisible, alarma toute la contrée parles annonces de la plus violente explosion. La terre trembla pendant plusieurs jours; le soleil étoit obscurci par un nuage de cendres, et par les flots d'une noire fumée d'où partoient incessamment des éclairs. Quoique voisine du volcan, notre maison, située au sommet de ce coteau, nous paroissoit à l'abri de l'éruption.

» Cependant la nuit du 25 octobre, nuit affreuse, extraordinaire, dont le souvenir est empreint en traits de feu dans ma mémoire, nous étions, mes jeunes enfans et moi, auprès du lit

---

(1) Il y eut en effet, en 1751, au mois d'octobre, une éruption accompagnée de circonstances fort extraordinaires. Voir l'ouvrage de Gius. M. Mecatti, intitulé : *Racconto stor. filos. del Vesuvio;* et la *Storia e fenom. del Vesuvio*, du P. della Torre.

de ma pauvre femme, depuis long-temps malade, lorsqu'une horrible détonation déchira
l'air, et poussa de notre côté une grêle de pierres
enflammées. Il devenoit urgent d'abandonner
notre demeure. J'enveloppai ma femme dans
ses vêtemens, je la chargeai sur mes épaules; et,
quoique bien foible, elle ne voulut pas quitter
ce lieu sans emporter un grand crucifix en bois
qui étoit à son chevet. Elle le prit donc entre
ses bras, et, entourés de nos enfans auxquels je
confiai les débris de notre légère fortune, nous
nous éloignâmes de nos foyers que nous ne
comptions plus revoir.

» Arrivé au fond de la vallée, précisément à
l'endroit où vous voyez la chapelle, je m'aperçus, à la lueur des éclairs, que ma malheureuse
épouse avoit perdu connoissance. Je la déposai
sur le gazon, et plantai le crucifix en terre,
ordonnant à mes enfans de se mettre à genoux
devant le signe de notre religion, tandis que
j'irois chercher de l'eau à une fontaine voisine,
pour ranimer les sens de leur mère que je re-
commandai à leurs soins. Je marchai à la hâte
vers la source; mais quel fut mon désespoir
lorsque je reconus que les feux souterrains
l'avoient tarie!

» Forcé de courir beaucoup plus loin pour puiser de l'eau à un ruisseau, je rebroussois che-

min, lorsqu'une détonation plus affreuse que les précédentes, jointe à une secousse de tremblement de terre, me fit chanceler, et ralentit ma marche à tout moment entravée par les crevasses qui s'étoient formées subitement. Contraint à prendre des détours qui, me déviant de ma route, me la firent perdre tout-à-fait, j'errai long-temps à l'aventure dans les bois qui couvrent ces montagnes, trompé sans cesse par les mugissemens du volcan que les échos me renvoyoient dans une fausse direction, et par les lueurs errantes qui embrasoient successivement toutes les parties de l'horizon.

» Enfin le jour parut ; et, à sa clarté pâle et douteuse encore, le ciel étant chargé d'un épais nuage de cendres et de fumée, je distinguai la forme de rochers qui m'étoient bien connus, et dirigeai mes pas vers le vallon où j'avois laissé ma famille.

» Je crus entendre de loin les cris de l'un de mes enfans. Je ne me trompois pas. Je lui répondis ; il accourut effaré, les yeux hagards, et se précipita dans mes bras en criant : Miracle ! miracle ! Il cherchoit par ses gestes, plus que par ses paroles inarticulées, à me rendre compte de l'événement miraculeux dont il avoit été témoin. Je lui demandois surtout des nouvelles de sa mère. Elle existe, me dit-il enfin ; elle a été sauvée par les anges qui ont apporté la *Santa-Casa* de Lorette ; le bon Dieu a eu pitié de nous, il a exaucé nos prières, et a manifesté son pouvoir d'une manière prodigieuse.

» Cependant j'entrois dans la vallée où j'avois laissé ma famille. Ces lieux avoient changé d'aspect ; et ma demeure, située sur une hauteur, n'existoit plus. Je n'en fus pas surpris ; mais au fond du vallon qui n'étoit auparavant tapissé que d'un frais pâturage, j'aperçus une maison que j'étois bien loin de reconnoître. J'approche encore : alors le premier rayon de soleil qui semble s'échapper du sein de la divinité, perce les nuages, frappe sur l'édifice, en illumine jusqu'aux moindres détails, et me fait reconnoître, avec une surprise qui tient du délire, ma propre demeure intacte, et même entourée de jeunes arbres que j'avois plantés. A mon tour je m'écrie miracle ! et c'est en courant vers ma famille qui venoit au-devant de moi, que j'adresse au ciel mes vives actions de grâces. Ma femme elle-même, guérie comme par enchantement de toutes ses douleurs, mêle à ses embrassemens les expressions de sa gratitude envers la Providence, et me raconte ainsi les détails de ce merveilleux événement.

» Etendue au pied de la croix que j'avois plantée en terre, et toujours évanouie, ma femme étoit entourée de ses enfans, dont les cris d'effroi et les étreintes ne pouvoient la rappeler à la vie, lorsque l'horrible détonation que j'avois entendue moi-même leur impose silence. La terreur les glace et les rend immobiles, tandis que leur mère se ranime et reprend ses sens. Mais un nouveau danger les menace : un ruisseau brûlant se précipite dans la vallée, s'avance vers l'unique place qui restât à ma triste famille ; sur un sol vacillant, environnés d'un nuage de feu, de cendres, de fumée et de débris, la fuite leur est interdite, et ils ne peuvent qu'attendre, dans les angoisses du désespoir, la mort qui leur semble inévitable.

» Cependant un foible rayon de jour dissipe les ténèbres, et vient éclairer cette scène de désolation ; l'aspect de la vallée est bouleversé ; ils aperçoivent.... et ne peuvent en croire leurs yeux, ils voient cependant et reconnoissent notre propre maison qui, détachée de la pente rapide du coteau sur laquelle elle avoit été construite, avoit glissé, avec toute la couche de terre qui la supportoit, dans le fond de la vallée (1).

____

(1) Cet événement n'est pas sans exemple, et nous pouvons en citer un très-récent. Vers la fin de 1812, après des pluies continuelles à Florence comme dans tout le nord de l'Italie, un terrain aux environs de cette ville, d'environ douze arpens d'étendue, couvert d'arbres fruitiers, et de productions de toute espèce, a été miné par les eaux, s'est détaché, et a été entraîné à une

Nouveau prodige! la lave s'étoit repliée sur elle-même, et subitement refroidie à l'approche de la croix.

» Ma famille, rassurée désormais par cette preuve manifeste de la protection divine, ne craignit pas de rentrer dans la maison : elle la trouva dans le même état où nous l'avions laissée.

» Les sentimens contraires qui avoient agité rapidement mon épouse, firent une heureuse diversion à ses souffrances. Elle retrouva la faculté de marcher ; et, craignant que je n'eusse été victime de quelque accident fâcheux, elle venoit à ma recherche, précédée de nos enfans, lorsque j'arrivai dans la vallée.

» Vous jugez bien, me dit le vieillard en finissant sa narration, que la nouvelle de ce merveilleux événement ne tarda pas à se répandre. Les habitans des environs, et même ceux de la ville, accoururent ; tous voulurent contribuer à l'érection de la chapelle où l'on plaça le miraculeux Crucifix. Depuis, ce monument pieux n'a cessé d'attirer la foule ; et il est le but des pèle-

---

distance de 40 toises, où il a été arrêté par une colline qui lui a servi de point d'appui. La superficie a souffert peu de changemens ; mais, un ménage de paysans, qui habite une maison située sur ce terrain mobile, a été très-surpris de son déplacement.

(*Extrait du Journal de Paris, du 17 avril* 1812.)

rinages, surtout dans les temps calamiteux où
le volcan menace de quelque catastrophe les
contrées voisines; car ce terrain, devenu sacré,
est désormais à l'abri de tout événement fâcheux.

» Ma curiosité satisfaite, je déposai mon
offrande dans le tronc de la chapelle, et quittai
ces bonnes gens en leur souhaitant la continua-
tion d'une foi aussi vive dans la Providence, qui
les avoit jusqu'à ce jour préservés de tout accident, et du plus grand des maux, l'inquiétude. »

C'est ainsi que se termina le long récit de mon
compagnon de voyage; et il étoit temps, car
nous étions sur le point d'arriver.

Enfin me voici aux portes de Rome, et la
nuit m'en dérobe la vue; je ne fais qu'entrevoir
un majestueux édifice : c'est la basilique de Saint-
Jean de Latran. Je suis dans la ville; néanmoins
il me semble que je parcours encore la campagne; je n'aperçois que des ruines, de longs
murs de jardins surmontés par des pins ou des
cyprès, et quelques masures habitées par des
paysans. Cependant l'obscurité redouble; je
côtoie une sorte de montagne taillée à pic... Ce
sont les immenses murs du Colisée qui projettent
d'épaisses ombres sur tous les environs.

Je m'enfonce ensuite dans un dédale de rues
tortueuses où l'on n'est guidé que par l'incer-
taine et mourante clarté de lampes suspendues

devant l'image de la Madone. Nous ne rencontrons qu'un petit nombre de voitures, quelques piétons dispersés qui regagnent à tâtons leur misérable demeure ; çà et là de beaux palais qui semblent inhabités ; point de magasins ouverts, plus de bruit, presque aucun mouvement. Quelle différence avec Naples et les autres capitales ! Voici néanmoins une place publique, des marchands ploient leur boutique portative ; et, à la triste lueur des lanternes de papier, je reconncis l'admirable portique du Panthéon. Enfin la voiture s'arrête dans un *vicolo* étroit et obscur.

LETTRE XXXI.

Premier coup d'œil sur Rome.

Rome, le 16 novembre.

Le grand jour a dissipé l'impression peu favorable que j'avois prise de l'ancienne capitale du Monde. De ma fenêtre je vois plusieurs palais, des coupoles de marbre, et la sommité de la colonne Trajane.... Je me sens renaître, toutes mes facultés s'exaltent, mon imagination s'enflamme ; je sors et cours déjà à l'aventure parmi les ruines, les palais, les jardins et les temples : je suis seul au milieu de Rome ; mais j'interroge tous les objets, et tous me répondent, tous me disent : Tu es dans le pays de l'inspiration et des merveilles, dans le sanctuaire d'une religion auguste et respectable, dans le temple des arts antiques et modernes.

Tour à tour j'admire, je compare, j'étudie : un objet m'attire, un autre me distrait ; je veux tout voir à la fois, et amasser en un jour des souvenirs pour le reste de ma vie. Calmons cette première soif de la curiosité, ces désirs insatiables et depuis long-temps irrités. Je suis libre, indépendant, rien ne me presse ; je peux à loisir contempler tant de prodiges. Aujourd'hui je verrai le Panthéon, demain, la colonne Trajane ; je consacrerai un autre jour au Colisée ; une semaine à Saint-Pierre ; je verrai ensuite les autres basiliques, les musées.... Mais peut-on calculer froidement ses plaisirs, lorsqu'ils s'offrent en foule à une jeune imagination ?

Dites à celui qui, en traversant un désert, a éprouvé le tourment prolongé d'une brûlante soif, et qui découvre enfin une source fraîche et limpide ; dites-lui : Sois prudent, n'use qu'avec précaution de ce bienfait de la Providence...... Vous écoutera-t-il ? C'est ainsi que je me laisse entraîner par la divagation de mes pensées ; la fatigue ne me ramènera que trop tôt sous l'empire de la raison.

Vous comprendrez mon enthousiasme, jeunes artistes que le seul nom de Rome fait tressaillir ; c'est à vous surtout que je m'adresse. Déjà familiers avec tous ces monumens, ces aspects si variés, ces tableaux, ces statues, que les travaux de vos prédécesseurs vous ont retracés sous mille aspects différens, il vous semblera, comme à moi, en arrivant ici, revoir votre patrie. Vous n'avez pas besoin de guide : parcourez au hasard les quartiers de la ville, vous en recon-

noîtrez tous les objets. Voulez-vous dessiner ?
une pierre vous servira de siége, comme elle en
a servi à tous vos maîtres qui, sans se consulter,
s'y sont donné en quelque sorte rendez-vous.
Le sentiment du beau vous attire et vous fixe
comme eux à la même place ; à moins que par
une heureuse inspiration vous ne parveniez à
saisir dans les mêmes objets un motif nouveau,
une combinaison plus piquante d'effets et de
lignes.

Que l'on n'accuse pas cependant les artistes
de se traîner sur les traces de leurs prédécesseurs : ceux-ci n'ont eu d'autre avantage que
celui de venir les premiers. Une chose réellement belle doit paroître toujours neuve, car on
y découvre sans cesse de nouvelles beautés ; habi-
teroit-on Rome pendant un siècle, on trouveroit encore à glaner après la moisson recueillie
par les grands maîtres.

On peut en effet combiner d'une autre manière les mêmes lignes de fabriques qui offrent
à chaque heure du jour un aspect différent, et
dans lesquelles le Poussin a trouvé les fonds de
ses plus beaux tableaux. Les bords du Tibre,
les collines de la ville, le contour de ses murailles, l'entassement de ses immenses ruines,
l'admirable variété de ses jardins qui font retrouver la campagne dans l'enceinte de ses murs,

tout fournira au peintre des motifs d'étude, des sujets pittoresques, et la source d'une multitude de jouissances sans cesse renouvelées.

Il n'est point de rue écartée, de terrain vague qui ne lui offre l'occasion d'exercer ses pinceaux. Ici, la porte ouverte d'une maison sans apparence, laissera apercevoir au fond de la cour une petite fontaine surmontée de quelques fragmens de sculpture antique, ombragés par un berceau de jasmin ; là, un escalier extérieur mène au sommet d'une terrasse couronnée d'une treille et bordée de vases de fleurs que la main gracieuse d'une jeune fille arrose et cultive. Plus loin, les fragmens d'un aqueduc serviront de cadre à la plus riche perspective ; ailleurs, une cabane de terre, habitée par un ermite, est adossée contre un antique palais de marbre dont il n'existe plus qu'un pan de mur tout crevassé, et dont le sommet inégal est bordé de giroflée et de pariétaire. Partout la nouvelle ville s'élève ou s'appuie sur les ruines de l'antique séjour des Césars ; et les marbres magnifiques qui revêtent les monumens modernes, ne sont encore que de véritables emprunts faits à la ville d'Auguste et d'Adrien.

C'est ce mélange fortuit d'élémens divers qui fait le charme de Rome ; ce sont les idées qu'on y attache, et le sentiment profond qu'elles font naître, qui rendent ce séjour si attrayant pour un artiste, et qui le lui font regretter toute sa vie, s'il ne la lui consacre pas tout entière.

Les arts demandent, pour être cultivés avec succès, moins d'encouragement que de liberté. Il faut qu'on ne contrarie pas les artistes dans leur marche, et qu'on leur facilite les moyens d'exercer leur talent. A cet égard, il n'est point de pays où ils soient plus indépendans : ils peuvent aller, venir, s'arrêter, pénétrer partout pour y mesurer, y dessiner les monumens ; s'établir au milieu des rues, des places, dans les palais, et jusque dans les églises, sans craindre la curieuse importunité du peuple qui, à Paris, vous suivroit, vous entoureroit, et vous forceroit enfin de fuir au milieu des huées. On voit ici, debout, sur une échelle, un architecte qui mesure les différentes parties d'un monument ; et ce spectacle n'attire pas les regards d'une foule stupide : on passe sans faire attention au peintre, fût-il monté sur un arbre au milieu du Forum, ou même sur la corniche d'un autel où l'on diroit la messe. Heureuse insouciance, fruit de l'habitude, qui fait considérer les artistes comme des êtres privilégiés dont on n'a rien à craindre, dont on ne se méfie point, et qu'on traite comme d'anciennes connoissances, et souvent comme des amis !

Je parcourois sans me lasser, je m'égarois avec sécurité dans les quartiers les plus peuplés ou les moins fréquentés de cette ville immense ; je n'avois point d'heure fixe pour mes repas ; je m'arrêtois à la première boutique , j'achetois une *pagnotta*, quelques fruits ou quelque appétissant *salame*, et j'allois m'établir dans le jardin de la *villa* la plus voisine ; j'y faisois mon frugal dîner à l'ombre d'une charmille de laurier, ou dans la niche d'une fontaine qui me servoit de table, de siége et d'abri. Etois-je surpris par l'arrivée de la jardinière, qui, son vase de terre en équilibre sur la tête, venoit pour puiser de l'eau, elle me saluoit d'un sourire ; j'offrois quelques fruits à son enfant : reconnoissante, elle me versoit à boire , répondoit à mes questions avec bienveillance , et m'indiquoit, par le seul instinct du beau dont tous les Italiens sont plus ou moins pénétrés, un joli point de vue ou quelque fragment antique. Les ombres de la nuit me forçant de suspendre mes courses et mes observations, je rentrois chez moi plus riche de souvenirs et de pensées.

Je passe ainsi mon temps à errer sans but, sans objet déterminé ; si je n'ai pas encore vu les musées et les objets d'art les plus précieux ; au moins ai-je saisi le caractère pittoresque et moral de Rome. Je me suis familiarisé avec ses habitans, et j'ai appris à connoître la topographie de leur ville. Mon portefeuille s'est rempli d'une foule de motifs agréables, et ma mémoire de souvenirs charmans. D'ailleurs, pourquoi me presser? Rien n'est perdu pour mes plaisirs; et j'aurai le loisir de visiter les galeries, lorsque l'hiver me forcera de mettre un terme à mes promenades.

Je m'étois flatté, en arrivant en Italie, d'y trouver l'Académie de France réorganisée. Avant mon départ, le directeur étoit déjà nommé. Les élèves qui avoient remporté les grands prix, et parmi lesquels je comptois des amis, devoient se réunir bientôt dans la capitale du monde pittoresque. C'étoit même l'un des motifs qui m'avoient fait désirer si vivement d'arriver à Rome où je devois doublement jouir des chefs-d'œuvre des arts, en les contemplant avec d'autres artistes disposés à partager mon admiration. C'est alors que j'ai regretté l'absence de l'ami que j'ai laissé à Naples, et, après lui, ces compatriotes que je croyois trouver réunis dans le sanctuaire des arts. J'étois en effet, pour ainsi dire, seul de Français à Rome, et forcé de renfermer des pensées, des sentimens qu'il eût été si doux d'épancher dans le sein de l'amitié.

Un jour, assis sur les hauteurs de la *villa*

LE TOMBEAU DE PHAÉTON.

Borghèse, je dessinois un tombeau antique à moitié caché par les longues branches pendantes d'un saule pleureur (*Planche XX*), lorsque je vois venir un peintre, que je reconnois au grand portefeuille qu'il tenoit sous le bras. Il avance, recule, se porte tantôt d'un côté, tantôt de l'autre, s'asseoit un moment, se lève, va plus loin, toujours en fixant l'objet que je dessinois; enfin il vient s'établir près de moi. Séparés par une touffe de genêt, il ne pouvoit m'apercevoir ; il se met aussitôt à l'ouvrage, en chantant l'air : *Sul margine d'un rio* (1). La physionomie ouverte, les manières agréables de cet artiste, sa gaîté, me font désirer de trouver en lui un Français, un ami. Entraîné par cette prévention, ma voix se mêle à la sienne, et, lorsque le couplet est achevé, nous nous saluons en souriant, et la conversation s'engage. Je lui communique mes dessins ; il m'ouvre son portefeuille, et, à la touche fine, spirituelle de ces dessins, je nomme Reinhart, artiste allemand très-distingué, dont j'avois vu quelques ouvrages à Naples. On est toujours flatté d'être reconnu de cette manière, et le modeste Reinhart n'est point à l'abri de cette séduction.

____

(1) Air charmant, quoique fort ancien, que je n'ai jamais entendu sans un vif sentiment de plaisir mêlé d'une sorte d'attendrissement, et qui est aussi connu en Allemagne, en Grèce et à Constantinople, qu'en Italie.

Il venoit faire quelques études particulières pour un tableau qu'il exécutoit en ce moment (1). Nous parcourons le terrain inégal du mont Pincio ; nous admirons ensemble les vues pittoresques de Rome et de sa campagne, dont on jouit si bien de ces hauteurs. Je le consulte sur mes projets pittoresques ; je lui parle du désir de voir Tivoli ; il me fait remarquer la cime du mont Oreste, l'antique Soracte, couverte des premières neiges, et il m'engage à ne pas retarder d'un seul jour mon voyage ; il regrette que ses occupations ne lui permettent pas de m'y accompagner, mais il promet de m'y aller rejoindre dès qu'il sera libre.

____

(1) C'étoit une vue de la *villa Borghèse*, tableau d'une vérité parfaite, et où l'on retrouvoit toute la richesse de la végétation, la pompe des monumens antiques dont ces jardins sont embellis. Reinhart est aussi bon graveur que bon peintre. On connoît une collection d'eaux-fortes, dans lesquelles il a retracé les plus beaux sites des environs de Rome ; et plusieurs suites d'études d'animaux, où l'on retrouve la touche spirituelle de Berghem, et l'art savant de Paul Potter. Les paysages de Reinhart me rappellent encore des lieux que nous avons parcourus ensemble, et me trompent en quelque sorte sur l'absence de leur auteur.

LETTRE XXXII.

Chemin de Rome à Tivoli. — Porte Saint-Laurent. — Voie Tiburtine. — Tombeau de la famille Plautia. — Auberge du temple de Vesta. — Sor Checco. — Première vue de la cataracte de l'Anio.

Tivoli, 7 décembre.

CHAQUE pays a son genre de pittoresque, qui résulte non seulement de la configuration du terrain et de la végétation qui lui est propre, mais aussi du style de ses constructions rurales, de ses habitations particulières et de ses monumens.

Je n'irai pas chercher dans les deux Indes des tableaux, pour les mettre en opposition avec ceux que j'ai sous les yeux. En Europe même, le caractère du paysage change avec les mœurs et le génie des habitans. Les aspects pittoresques de l'Italie sont d'un style bien plus grandiose que ceux de la France, et même de la Suisse ; et, si les environs de Rome l'emportent à cet égard sur le reste de la péninsule, ils en ont particulièrement l'obligation aux merveilleux sites de Tivoli.

En effet, on aime à fouler le sol de cette plaine de Rome, couverte des monumens de sa grandeur passée ; on se plaît à respirer le parfum des fleurs sur le bord des lacs de Nemi et d'Albane, ou à s'égarer sous les ombrages de Marino. Mais Tivoli réunit tous les ombrages, tous les parfums, tous les souvenirs, tous les enchantemens ; les sens sont charmés autant que l'esprit ; et l'ancien Tibur, du haut de ses roches escarpées, et entouré de l'humide bruine qui rafraîchit son atmosphère, brille encore de tout son éclat et de toute sa renommée.

Il est le point de réunion des artistes de tous les pays ; il leur fournit les modèles les plus variés, les accidens les plus bizarres, les effets les plus contrastés. Le peintre, le poëte, l'archéologue et le philosophe, y trouvent des objets toujours nouveaux de curiosité et d'étude. Et celui qui réuniroit tous ces talens et ces goûts, peut à loisir considérer, étudier, puiser de l'inspiration dans les merveilles de la nature et de l'art que lui offre cette contrée. Il doit même y fixer long-temps son séjour ; et quand il l'aura quittée, il la regrettera toute sa vie.

> Avec quel doux saisissement,
> Ton livre en main, voluptueux Horace,
> Je parcourrai ces bois et ce coteau charmant,
> Que ta muse a décrits dans des vers pleins de grâce,
> De ton goût délicat, éternel monument !

J'irai dans tes champs de Sabine,
Sous l'abri frais de ces longs peupliers,
Qui couvrent encor la ruine
De tes modestes bains, de tes humbles celliers;
J'irai chercher d'un œil avide,
De leurs débris sacrés un reste enseveli ;
Et dans ce désert embelli
Par l'Anio grondant dans sa chute rapide,
Respirer la poussière humide
Des cascades de Tivoli.
Puissé-je, hélas! au doux bruit de leur onde,
Finir mes jours ainsi que mes revers !
Ce petit coin de l'Univers
Rit plus à mes regards que le reste du monde.
L'olive, le citron, la noix chère à Palès,
Y rompent de leur poids les branches gémissantes ;
Et sur le mont voisin, les grappes mûrissantes,
Ne portent point envie aux raisins de Calès.

(*Le ch.* BERTIN.)

Ce préambule vous annonce que je suis à Tivoli. Je n'ai jeté, en effet, qu'un coup d'œil sur Rome, et me suis hâté d'en parcourir la campagne ; car la mauvaise saison s'avance avec son triste cortége, moins effrayant, il est vrai, dans ce pays que dans le nôtre.

Cependant la neige couvre déjà les hautes montagnes de la Sabine ; les arbres se dépouillent, les brouillards vont me dérober l'aspect des plans lointains, et les nuages amoncelés jetteront bientôt un voile grisâtre sur la nature. Profitons de quelques beaux jours et du spectacle de ces campagnes, couvertes encore d'une partie de leur parure d'automne ; et anticipons sur les

jouissances plus vives que nous promet le prin-
temps.

Sorti de Rome par la porte Saint-Laurent, à
moins d'un mille de distance, on voit la basilique du même nom, l'une des plus anciennes
de la chrétienté. Elle offre une fabrique d'un
caractère aussi simple qu'imposant. Constantin
en est généralement regardé comme le fondateur (1); mais elle a été successivement augmen-
tée ou restaurée par les papes Sixte III, Pélage II,
Adrien Ier et Honorius III. Vers l'an 1475, Ni-
colas V la fit aussi réparer, sous la conduite de
Bernardo Rosellini. La plupart des ornemens
d'architecture, colonnes, chapiteaux et enta-
blemens qui entrent dans sa construction, sont
tirés de divers édifices plus antiques. Le portique ajouté, ainsi que la nef, par le pape Honorius III, au treizième siècle, repose sur six
colonnes, deux de marbre *bigio*, et quatre de
marbre de Paros, à cannelures en spirale : les
murs sont ornés d'anciennes peintures à fresque
ou en mosaïque. Il existoit autrefois un portique couvert, qui conduisoit de la porte de
Rome jusqu'à cette basilique, comme il y en
avoit un de la porte *Ostiense* à Saint-Paul, et

---

(1) V. l'Hist. de l'Art par les monumens, de M. Dagincourt,
qui donne les détails gravés, et la description de ce monument,
l'un des plus intéressans dans l'Histoire de la Décadence de
l'Architecture.

semblable à celui qu'on voit encore hors de celle de la ville de Bologne.

A peu de distance, un ermite commença à bâtir une église, qui n'a jamais été achevée, et dont on voyoit naguère des vestiges. Lorsqu'on en creusoit les fondations, du temps d'Alexandre VII, on trouva trois voies antiques construites les unes sur les autres à plus de cinq pieds d'intervalle.

Je parcours l'antique voie Tiburtine, bordée par une quantité de tombeaux et de temples. Au milieu de ces ruines on découvre continuellement des *olla* cinéraires, des inscriptions et des débris curieux. Ici est le tombeau de l'orgueilleux Pallas, affranchi de Claude (1). Vers le commencement du siècle passé, on déterra en cet endroit un très-beau sarcophage de porphyre, avec des cendres et un anneau d'or. Plus loin se trouve le *campo Verano*, sous lequel sont creusées des catacombes renfermant les reliques d'une infinité de martyrs. Ce champ, qui a conservé peut-être le nom de son possesseur, *Vero* ou *Verannio*, dont parle Catulle, fut donné à l'é-

____

(1) Le tombeau portoit une inscription dont le sens est : *Pour récompenser son attachement et sa fidélité envers ses patrons, le Sénat lui a décerné les marques de distinction dont jouissent les préteurs, avec quinze millions de sesterces; et il s'est contenté du seul honneur.* Pline le jeune se déchaîne avec raison contre des inscriptions que l'on prostituoit ainsi. (Pline, liv. VII, L. XXIX, liv. VIII, L. VI)

glise de Saint-Laurent par Constantin ; et près de là on découvrit l'obélisque Barberina.

A quatre milles de la ville on trouve le pont *Mammolo*, sur le *Teverone*. Les antiquaires pensent que ce nom est dérivé de celui de Julie Mammea, mère d'Alexandre Sévère. L'antique Latium s'étend jusqu'à l'auberge *del Forno;* le chemin est tortueux et caillouteux : ce qui dénote que ce n'est pas la voie Tiburtine dont on rencontre de distance en distance les débris. Au *Forno* la route se divise : à droite elle mène à Tivoli, et à gauche à Monticelli, ou Monts *Cornicolani.*

On passe ensuite sur un ponceau jeté sur le canal de la Solfatare (*aquæ albulæ*). Ce canal fut fait par ordre du cardinal d'Est pour dessécher ces marais, dont l'odeur est plus désagréable que malsaine.

Des thermes, qu'on nomme aujourd'hui *les Bains de la Reine*, et dont on voit des vestiges, sont peut-être les restes de la *villa* de Regulus, savant jurisconsulte dont parlent Pline et Martial. Ce dernier, dans ses Epigrammes, dit qu'un jour un très-long portique et l'*ambulacrum* de cette maison de plaisance s'écroulèrent tout à coup sans que personne y pérît (1).

______

(1) Volpi donne, dans son *Lazio*, au chapitre de Tivoli, de grands détails sur toutes ces ruines.

A gauche du canal on remarque la fameuse carrière de *Travertin*, dit pierre *Tiburtine*, qui est une concrétion sulfureuse, tendre au sortir de la carrière, et qui acquiert beaucoup de dureté au grand air. On voit encore plusieurs tombeaux antiques sur les bords du chemin, et à quelque distance un plus grand nombre de maisons de campagne des habitans de Rome et de Tivoli.

Enfin, on arrive au pont Lucano, terminé par le monument funéraire de la famille Plautia. Le nom de Lucano vient-il de *à lucis Deorum*, ou de la halte qu'y firent les Lucaniens avant de livrer la bataille dans laquelle ils furent vaincus par les Romains? La famille Plautia eut une *villa* superbe en cet endroit. Le tombeau de cette famille est de forme ronde, et il a ce rapport avec celui de Cecilia Metella. Construit en quartiers de travertin, il étoit revêtu de marbre et orné de colonnes et de statues. Sur la façade principale qui est tournée vers le chemin, l'on voyoit une longue inscription divisée en cinq grandes tables, dont trois ont été détruites; des deux autres, l'une est lisible, et l'autre, quoique très-fruste, a été déchiffrée par les antiquaires (1).

---

(1) Voyez Volpi, *Loc. cit.*; et la Dissertation *del avv. cato* D. Domenico de Sanctis.

Du pont Lucano quelques uns pensent que la voie Tiburtine longeoit le coteau sur la gauche, pour éviter la rapidité de la montagne, et qu'elle passoit vers *Paterno*, et arrivoit au pont *dell' accoria*, c'est-à-dire *aquæ aureæ* et *Ponticelli*. En effet, on voit les traces d'une voie consulaire qui se dirige à travers les ruines de la *villa* de Mécène jusqu'à la porte *Oscura*, dont les portiques souterrains continuent jusqu'au temple d'Hercule. D'autres veulent que l'antique voie du pont Lucano fît un coude sur la droite, et se dirigeât vers Tivoli à travers le coteau couvert d'oliviers où l'on retrouve aussi de magnifiques restes. Mais les longs détours qu'il auroit fallu faire, et que les Romains évitoient autant que possible, préférant avec juste raison la ligne droite, rendent cette opinion improbable. Le jour avancé m'avertit de me rendre à Tivoli où j'étois attendu.

Sor Checco, le maître de l'auberge du Temple, m'a reçu aux lumières, et m'a installé aussitôt dans la salle à manger, où il est venu me tenir compagnie en attendant le souper. Consacrons quelques lignes à ce bon Sor Checco, qui m'a traité comme un ami quand il a su que j'étois peintre : mon costume de voyage, mon léger porte-manteau, le grand portefeuille et le tabouret ployant, objets qui lui étoient si fami-

liers, ont été mes titres de recommandation. D'ailleurs, j'étois le seul étranger pour lors à Tivoli. Toute sa sollicitude, ses soins et ses attentions se sont concentrés sur moi.

Je lui parle des artistes français qu'il a hébergés ; je les lui nomme : ce sont mes amis ; ce sont les siens. Il me conte leurs espiègleries, leur franche gaîté, leurs imprudences même ; il rit, s'attendrit, et semble rajeunir en se rappelant les aventures de sa jeunesse. D'un sujet il passe à un autre, et revient toujours aux artistes français, pour lesquels il a une sorte de prédilection. Avez-vous connu celui-ci ? celui-là existe-t-il encore ? ont-ils fait de beaux tableaux de Tivoli ? vous ont-ils parlé de Sor Checco ? ont-ils de la réputation ? sont-ils riches, honorés dans leur patrie ? Les questions se croisoient ; l'une n'attendoit pas la réponse à l'autre. Mon bon hôte étoit sûr de m'intéresser, et son bavardage amusant ne tarissoit point pendant le souper, qui fut souvent suspendu par un souvenir ou une saillie, et qui dura assez long-temps pour ne me laisser autre chose à faire que d'aller me reposer. Mais peut-on dormir la première nuit qu'on passe à Tivoli ?

On m'a conduit dans une jolie chambre voisine du temple de la Sibylle, ou plutôt de Vesta, et en vue de la grande cascade (*Planche XXI*).

Le fleuve entier se précipite tout à coup, disparoît, et se divise en mille courans qui fuient, en bouillonnant, dans les canaux souterrains qu'ils se sont frayés à travers la montagne sur laquelle cette partie de la ville est construite.

La chute des eaux produit un bruit sourd, et qui parfois imite le roulement du tonnerre, suivant que le son vient directement frapper l'oreille, ou qu'il est emporté et dispersé par les vents. La vapeur humide qui s'échappe du gouffre forme un brouillard léger et diaphane, qui jetoit en ce moment un voile argenté entre les plans de ce magnifique tableau.

Près de moi, le pont, l'église, les usines et les objets qui se trouvent en avant de la cascade, se découpent les uns sur les autres, semblent n'avoir aucune épaisseur, et ne se détachent qu'au moyen des couches plus ou moins opaques de la vapeur qui s'élève entre eux. Plus loin, la douce lumière de la lune se reflète sur la surface tranquille du fleuve, et éclaire le développement semi-circulaire de la ville qu'il baigne de ses eaux. Le fond est pour ainsi dire imprégné de la vive lumière que le disque argenté répand sur les nuages qui l'entourent. C'est sur cet éclatant foyer que se détachent en vigueur les élégantes colonnes du temple de Vesta.

Le mouvement rapide des nuées semble les grandir et les faire mouvoir comme ces ombres que la crédule frayeur fait paroître immenses, et qu'on croit voir se promener et vous poursuivre dans l'obscurité.

Cette alternative d'une clarté plus ou moins vive, ce bruit continuel des eaux, plus ou moins retentissant, animoient la scène la plus imposante, et me jetoient dans cette espèce de délire qu'on éprouve rarement en santé, mais que je comparois à celui qui accompagne toujours un léger accès de fièvre. Cet état, qui tient le milieu entre le sommeil et la veille, qui suspend les facultés physiques et n'ébranle que l'imagination, étoit encore exalté par les souvenirs que ces lieux, depuis si long-temps célèbres, faisoient naître en foule.

Le culte de Vesta se peignoit à mes yeux ; il me sembloit voir ces jeunes prêtresses en longs habits de lin, et qui, d'un pas timide et inquiet, traversoient les portiques du temple, et venoient successivement entretenir un feu qui devoit éteindre en elles tous ceux que l'amour inspire. Je me représentois leur isolement, leurs réflexions douloureuses sur une destinée dont la rigueur n'étoit pas adoucie par les priviléges et les honneurs dont on les environnoit. Les infortunées ! un criminel s'offroit-il par hasard sur leur passage, elles demandoient sa grâce, on lui permettoit de vivre...Et il leur étoit interdit de donner l'existence à des êtres bien plus chers! Les tendres et douces affections dont elles voyoient jouir les plus humbles de leurs compagnes, les sublimes fonctions d'épouse et de mère leur étoient défendues. Elles renfermoient dans leur sein cette flamme dont la nature embrase tous les êtres; et elles ne pouvoient le laisser éclater qu'après trente longues années d'épreuves, de combats et de captivité. Jusqu'alors la plus légère distraction qui les empêchoit d'entretenir le feu allumé sur les autels de Vesta, étoit un crime qui leur attiroit un châtiment d'autant plus rigoureux qu'il leur étoit infligé par l'impitoyable grand pontife. Une faute bien plus grave étoit punie, comme on sait, par un horrible supplice.

Quelle est puissante cependant la magie des noms, et leur influence sur la pensée! Celui de Vesta, donné au monument que j'ai sous les yeux, m'a procuré une vive émotion, et m'a attendri sur le sort d'une foule d'intéressantes victimes. Il n'en auroit pas été de même, si j'avois considéré ce temple comme celui de la Sibylle. A ce nom, toutes les idées agréables auroient disparu ; il ne me seroit resté que celle de vieilles femmes décrépites, toujours délirantes, et dont la bouche, en contraction, ne proféroit que des mots sans suite, des phrases inintelligibles. Cette image, peu flatteuse, ne m'auroit pas tenu si long-temps éveillé, et mes rêves auroient eu bien moins de douceur.

LETTRE XXXIII.

Vue générale de Tivoli. — Détails historiques et critiques
sur le temple de Vesta.

Tivoli.....

Avez-vous observé que tel site qui, au premier coup d'œil, paroît très-pittoresque, ne
fait plus le même effet dans un autre moment ?
Vous êtes surpris d'avoir été d'abord séduit par
une illusion d'optique, produite seulement par
la manière dont le paysage étoit éclairé. En
effet, le jeu de la lumière et des ombres, qui
varient à chaque instant du .jour, donne un
intérêt divers aux objets naturels ; mais ceux qui
sont réellement beaux par la forme, par le ba-
lancement de leurs masses et par le contraste des
couleurs, le sont toujours à quelque heure qu'on
les voie, et de quelque côté qu'ils soient éclairés,
parce que la variété de leurs plans est telle,
qu'ils offrent sans cesse des oppositions frap-
pantes. C'est l'impression qu'a produite sur moi
le tableau que j'ai tant admiré hier au soir, et

qui, très-différent ce matin, est toujours admirable.

Le ciel pur est sans nuages ; le fracas de la grande cascade semble adouci, et il se mêle aux bruits qui annoncent le réveil de la nature et des hommes. Le gazouillement des hirondelles, le cliquetis des moulins, le retentissement du pas des chevaux sur la route du pont, la voix des paysans qui, parés de leurs plus beaux habits, se dirigent vers les églises ; enfin, le tintement des cloches dont les sons tantôt graves, tantôt plus aigus, se dispersent dans les airs, tout m'annonce que c'est aujourd'hui un jour de fête ; et c'en est une en effet pour moi de me trouver à Tivoli.

Rien de plus agréable même que ce tintement continuel des cloches, si incommode ailleurs : il ressemble, en Italie, à une sorte de musique aérienne ; tant ce peuple, dont le goût est si délicat dans tous les arts, a su adroitement en mélanger les sons en les soumettant aux lois de l'harmonie, de manière à offrir toujours les intervalles de la quinte, de la tierce ou de l'octave, et à produire ainsi des intonations aussi justes que celles que la nature leur inspire dans leur chant habituel.

Les autres objets inanimés dont se compose mon tableau, ne sont pas moins agréables : tous

les plans sont vivement éclairés ; les eaux re-
flètent les nuances dégradées de la voûte céleste ;
l'humide bruine de la cascade brille des couleurs
de l'iris ; les différens groupes de fabriques se
détachent par leurs tons variés. Le temple de
Vesta n'offre plus une masse noire et opaque :
ses colonnes sont teintes de cette belle couleur
dorée que le temps donne au travertin, et qui
contraste si bien avec les autres constructions
et avec les rochers rouges, gris, violets ou verdâtres, suivant qu'ils sont plus ou moins exposés
à l'action du soleil ou de l'humidité ; la verdure
des arbres, aussi variée que leurs espèces ; la
teinte plus tendre des gazons qui tapissent les
rives du fleuve ; celle des montagnes plus éloignées où tous les objets se confondent, noyés,
pour ainsi dire, dans l'évaporation bleuâtre de
la rosée, forment un ensemble qui ne seroit
dignement rendu que par le pinceau du Lor-
rain, ou par la plume de Rousseau.

Les détails ne sont pas moins intéressans.
Le temple attire d'abord toute mon attention :
situé, comme un nid d'aigle, au sommet de
rochers caverneux, et entouré des précipices
où s'engouffre le fleuve, cet édifice, de forme
circulaire, est de l'architecture la plus riche et
la plus élégante. Des dix-huit colonnes corin-
thiennes qui l'entouroient en forme de péristyle

détaché, il n'en existe plus que dix. Il ne devoit recevoir d'autre jour que de la porte, ou de l'ouverture de la voûte ; car les fenêtres qu'on y remarque à cette heure paroissent moins anciennes que sa construction primitive dont on ne connoît point l'origine (1).

Les uns nomment ce monument le temple de Vesta ; d'autres, celui de la sibylle Tiburtine ; et l'on a même prétendu que c'étoit le tombeau de Cellius, parce qu'on lit sur la corniche, en gros caractères : E. CELLIO. L. F. (2) : mais la grande porte, la niche qui est en face, et même les fenêtres, ne conviennent point à un tombeau. Au surplus, celui de Cellius est situé ailleurs ; et cette inscription même, tracée dans l'architrave, démontre que c'est un temple. Dans les monumens funéraires les plus magnifiques, les inscriptions étoient gravées sur des tables de marbre, et dans un encadrement. Du reste, celle-ci n'est pas entière ; et (3) la lettre E, qu'on voit avant le nom de Cellius, pouvoit être la terminaison du mot *curante* ou *curatore*, titre de

---

(1) *Cabral, delle ville e monumenti di Tivoli.*

(2) M. l'abbé Barthelemi, dans un Mémoire sur les anciens monumens de Rome, lu à l'Académie des Inscriptions, le 15 novembre 1757, est tenté d'inférer de la forme ronde de la plupart des mausolées construits sous les premiers empereurs, que le prétendu temple de la Sibylle seroit le tombeau de la famille Gellia.

(3) Volpi, dans son *Latium*, liv. XVIII, c. V.

Cellius, qui étoit en effet chargé du soin des monumens publics à Tivoli (1). On présume de là que le temple a été construit du temps d'Auguste, les *curatores* ayant été créés par cet empereur. Le style d'architecture de ce monument, me dit qu'il faut le faire remonter à une époque plus reculée.

On a aussi prétendu que ce sanctuaire étoit dédié à Hercule. Mais alors la règle de Vitruve (2) qui établit que les temples de Minerve, de Mars et d'Hercule doivent être d'ordre dorique, auroit été transgressée. D'autres écrivains (3) se conforment à l'opinion générale qui s'est perpétuée jusqu'à nos jours, et reconnoissent ici le temple de la Sibylle rebâti par Auguste. Mais Ant. del Re prouve par plusieurs raisons, que j'adopte volontiers, que c'est celui de Vesta.

Les autres temples de cette déesse à Albane et à Rome, sont de forme ronde comme celui-ci (4). Ovide (5) et Plutarque (6) affirment

---

(1) Une inscription, rapportée par Volpi et par Gruter, le prouve.

(2) Vitruve, liv. I, c. II.

(3) Entr'autres le cardinal Corradini, *vetus Latium*.

(4) *Pomponio Leto de Sac. Rom.*, tit. *de Vestal.*; et *Bartol. Marliano topograf.*, liv. IV, c. II.

(5) *Fast. V.*

(6) *In num.*, n° 67.

que le premier temple de Vesta, érigé par
Numa, étoit circulaire. Ils sont ainsi figurés sur
les médailles d'Antonin-le-Pieux et de Mammée.
On voyoit, il n'y a pas long-temps, sur la façade
d'une maison située entre l'église cathédrale et
celle de Sainte-Cécile, une très-ancienne peinture en clair-obscur, représentant les antiquités
de Tivoli ; et sous le temple circulaire on avoit
écrit le nom de Vesta (1), ce qui prouve que la
tradition qui lui donne celui de la Sibylle, est
nouvelle. Enfin, les célèbres architectes Palladio
et Serlio, qui donnent les dessins et la description de ce monument, le nomment toujours le
temple de Vesta.

La niche qu'on voit en face de la grande porte
pourroit faire naître quelque doute, en ce qu'elle
annonceroit la place d'une statue ; et dans les
temples de Vesta il n'en existoit aucune. Mais
cette niche pouvoit être vide, ou ne contenir que
le tabernacle dans lequel se conservoient les livres
sacrés et les mystères religieux les plus cachés
de la république Tiburtine. Ce pouvoit être
aussi le *Penus* qui, suivant Festus, étoit placé
dans le lieu le plus retiré du temple, et renfermé
dans un tabernacle qu'on n'ouvroit que certains
jours de fête. La largeur de la niche et les

____

(1) *Biondo Flavio, Rom. histor.*, n° 56.

traces de l'arc qui la surmontoit, le feroient croire.

Enfin, si dans l'origine Vesta n'eut point de statue, on lui en consacra plus tard, selon Pline, et comme les médailles le démontrent. De plus, en observant la structure des murs, on peut se convaincre que la niche n'a pas été réservée dans la construction primitive, mais creusée après coup dans leur épaisseur, peut-être à l'époque où ce monument a été converti en église. Quoi qu'il en soit, toutes les raisons contraires ne sont pas suffisantes pour bannir Vesta d'un temple qui lui convient si bien sous tous les rapports; et quoiqu'il soit ruiné, il n'en est pour cela que plus pittoresque.

En entrant dans son enceinte recouverte seulement de la voûte éthérée, le peintre ne regrette pas celle dont les architectes avoient surmonté l'édifice, quelque riche et même de bon goût qu'elle ait été. Je préfère les brèches de ses murs ruinés à travers lesquelles j'aperçois la campagne, à ces fenêtres fermées autrefois par des tables d'albâtre oriental ou de pierre spéculaire, qui n'y laissoient pénétrer qu'un jour mystérieux, mais qui déroboient l'aspect riant des objets extérieurs.

Le tronçon de colonne qu'on a laissé au milieu du temple, et qui va me servir de table, remplace avantageusement l'autel, riche de travail et de matière, et sur lequel on ne brûloit que des parfums. Les joyeux mystères qui, maintenant, se célèbrent en ce lieu, valent bien les antiques et lugubres cérémonies accompagnées des soupirs des Vestales. J'admire et respecte encore leur réserve pudique ; mais, dans cet instant, je préfère l'air vif et même un peu coquet de cette jeune Tivolienne dans son costume des dimanches, avec le corset de velours brodé en or, le voile plié carrément sur sa tête, et dont les franges voltigent derrière ses épaules ; elle vient m'apporter le *moscadello* et la figue des vignes, et animer mon déjeuner par ses saillies de bonne humeur, ou ses réponses naïves. Sor Checco l'accompagne avec le *fiasco* de pétillant *orvieto*, et je bois aux amours de la jeune fille, à la santé de mon hôte, même à la mémoire glorieuse de l'antique république Tiburtine dont il est si fier, et à la renommée des paysagistes.

Nous causons ensuite sur l'emploi de mon temps : je le consulte sur l'ordre de mes promenades pittoresques ; mais je refuse les guides, et j'aime mieux courir les risques de m'égarer sous les ombrages de la vallée, à travers les rochers et les ruines, que de m'entendre vanter d'avance un aspect qui ne me frappera plus, une antiquité dont je démêlerai le caractère, l'usage, l'origine, sans qu'on me le dise d'avance. Je ne m'instruirai que trop tôt de tous ces détails ; avant, je veux jouir, je veux goûter le plaisir, l'un des plus doux qui nous soient ménagés, celui de la surprise. L'impression subite que font éprouver les objets inattendus, ou que nous cherchons long-temps, et qui s'offrent d'eux-mêmes inopinément à notre vue, reste gravée plus profondément dans la mémoire.

C'est ainsi que je verrai Tivoli. Les cicerone m'ont désenchanté sur Naples ; et j'ai fait divorce avec eux pour me livrer à ceux qui ne m'étourdiront pas de leur babil importun, qui ne répondront que quand je les questionnerai. C'est aux livres, en un mot, que j'aurai recours. C'est là où je puiserai au besoin, en discutant les opinions diverses des historiens et des voyageurs, une instruction plus solide.

Je me disposois à commencer ma première excursion : Sor Checco, mécontent de moi, me recommandoit la prudence, m'indiquoit les endroits dangereux où un faux pas pouvoit me jeter dans des précipices. Et, malgré les remontrances de mon hôte qui, à toutes mes répliques, se contentoit de lever les épaules en murmurant tout bas : *Questi Francesi.... son tutti così....* le cahier de croquis sous le bras, le crayon à la main, j'allois m'aventurer, lorsque de larges gouttes de pluie nous mirent d'accord en me forçant d'ajourner ma promenade. Elles furent bientôt après suivies d'une averse effroyable, et d'une longue succession d'orages. Car, lorsqu'il pleut ici, c'est à torrent; et les nuages, s'arrêtant dans les détours de ces montagnes, semblent ne pouvoir plus s'en dégager.

Je serois bien tenté, pour vous communiquer ma mauvaise humeur, de tracer la longue description de tous les effets de cette tempête, de faire retentir ces formidables coups de tonnerre qui réveillent tous les échos au fond de leurs grottes antiques, de vous peindre ces torrens qui roulent tumultueusement à travers les arbres qu'ils déracinent, et les rochers dont ils entraînent les débris jusque dans l'Anio; ce fleuve lui-même, qui franchit ses bords, inonde les prairies dont je venois d'admirer la fraîcheur, les couvre de limon, et, pour cacher sa honte et dépouiller ses eaux de ce mélange impur, s'ensevelit dans les routes souterraines d'où il sortira bientôt en cristal liquide : Sor Checco me l'a promis, et je souhaite de bon cœur qu'il fasse mentir l'impertinent proverbe des Romains :

> *. . . . . Tivoli senza conforte*
> *Piove, o tira vento o suona morte.*

———

LETTRE XXXIV.

Notice historique sur Tivoli.

Tivoli.

LA pluie tombe toujours; *a diluvio*, suivant l'expression pittoresque des Italiens; les vents grondent; les nuages accumulés obscurcissent l'horizon et hâtent la fin du jour, déjà d'une si courte durée. Mon hôte a épuisé la série de ses questions; je suis à peu près au courant de mes réponses. Il commence à me répéter les contes qu'il m'a déjà faits plusieurs fois; et je m'enferme avec de vieilles chroniques italiennes qui m'en apprendront peut-être d'autres.

Ferons-nous remonter la fondation de Tivoli, suivant Denys d'Halicarnasse, à 460 ans avant la fondation de Rome; ou, suivant Varron, à l'an 753 avant J. C.; et même au temps d'Enée, puisque Virgile met Tibur au nombre des cinq puissantes cités qui s'allièrent aux Latins contre les Troyens? Contentons-nous d'affirmer avec Pline que cette ville est plus ancienne que Rome, et ce sera encore assez pour l'honneur de la république tiburtine, dont les habitans sont si glorieux, qu'ils ont tracé tout nouvellement sur l'une de leurs portes les antiques lettres initiales s. **P. Q. T.**, à l'imitation de leurs ancêtres qui, après avoir, disent-ils, résisté aux Romains dont ils insultèrent souvent les murailles, et ayant été repoussés ensuite sans être vaincus, acceptèrent le titre d'amis, de compagnons du peuple romain, obtinrent les droits de cité les plus étendus, et même le privilége de conserver leurs antiques bannières avec les signes républicains.

On comptoit effectivement les Tiburtins (1) parmi les peuples libres et confédérés. S'étant déclarés en faveur des Gaulois, ils furent punis de leur défection : les Romains s'emparèrent de leur ville, mais on ne dit pas qu'ils l'aient réduite en préfecture ; ils eurent même toujours beaucoup d'égards pour leurs voisins de Tibur, et cherchèrent souvent à les attirer à Rome par des bienfaits et des honneurs.

Tivoli conserva long-temps son antique privilége qui en faisoit un asile. Polybe l'affirme ; et nous en trouvons la preuve dans l'anecdote qui a donné lieu au proverbe, *Beve più d'un*

____

(1) Cicéron, *Orat. p. Balb.*

1.

pifaro. On dit en effet, même en France, de quelqu'un qui boit outre mesure, il boit plus qu'un trompette. C'est un auteur très-grave, Tite-Live, qui va parler.

L'an 443 de la fondation de Rome, les censeurs Appius Claudius et Caïus Plautius ayant défendu sévèrement aux trompettes de manger et de boire dorénavant dans l'intérieur des temples lors des fêtes publiques et pendant les sacrifices, ceux-ci, outrés d'un ordre aussi inhumain, et jaloux de conserver leurs anciens droits, jurèrent de sortir du territoire romain, plutôt que de supporter une pareille privation. A la première solennité, on chercha les trompettes ; n'en trouvant plus un seul, on apprit que Tibur, comme ville libre et hors de la juridiction romaine, leur avoit servi de refuge ; et qu'ayant été bien reçus, ils comptoient s'y établir.

Cependant l'ordre des cérémonies religieuses étant troublé, le peuple murmura, et l'on fut forcé d'envoyer une ambassade aux Tiburtins pour les engager à mettre fin à cette contestation. Les magistrats de Tibur qui vivoient en bonne intelligence avec ceux de Rome, ou qui craignoient les conséquences d'un refus dont on auroit tiré vengeance, peut-être aussi peu amateurs de musique, promirent d'employer la persuasion ou l'adresse pour faire rentrer dans leur patrie ces transfuges.

Les prières et les promesses n'ayant eu aucun effet sur eux, ils les invitèrent un jour de fête à un grand repas; on leur servit de très-bon vin et en grande abondance : ils en burent à un excès tel, qu'ils tombèrent tous ivres morts. On les mit dans cet état sur des chariots; et, transportés pendant la nuit à Rome, ils furent déposés sur la place publique.

A leur réveil, indignés de cette trahison, ils essayèrent encore de se révolter; mais une punition exemplaire frappa les plus mutins, et les autres se soumirent. On fut cependant obligé de leur accorder des priviléges et des gratifications; et à ce prix ils voulurent bien reprendre leurs éclatantes fonctions.

La construction des aqueducs qui mènent encore les eaux de l'Anio à Rome, date de 480; et, vers le même temps, on bâtit le pont Lucano situé au bas de Tivoli, et qui ouvre une communication directe entre les deux villes. Deux siècles après, la loi Julia ayant accordé le droit de bourgeoisie aux peuples qui avoient donné des preuves de leur attachement à Rome pendant les guerres civiles, Tivoli obtint cette prérogative, confirmée ensuite par les Césars. Dès lors elle devint ville municipale, et fut gouvernée par des officiers nommés à cet effet.

Enfin, lorsqu'Auguste eut pacifié le Monde, les arts ayant adopté l'Italie pour leur nouvelle patrie, à leur suite arrivèrent tous les plaisirs, et surtout ceux que procure la campagne. Ce fut à cette époque si brillante que les environs de Tivoli devinrent la retraite d'une foule d'hommes célèbres : Virgile, Horace, Properce, Varron, et Mécène, le protecteur des lettres, des arts et de tous ceux qui les cultivoient avec succès, vinrent habiter les rivages de l'Anio. Mécène bâtit, à Tibur même, une maison de plaisance, ou plutôt une cité dont le vaste circuit est encore rempli d'une infinité de beaux édifices qui semblent voués à l'immortalité. Ce sage Romain goûtoit peu les plaisirs bruyans de la capitale, redoutoit les soucis et les tourmens qui suivent le char de l'ambition ; et, préférant les charmes de la vie privée au vain éclat des grandeurs, il refusa les premières places de l'Etat, qui lui furent offertes par le plus puissant prince de la terre, dont il étoit l'ami et le confident intime. Sa fortune lui donnoit toutes les jouissances de la vie dans sa délicieuse *villa* Tiburtine, où il s'entouroit des hommes les plus aimables et les plus instruits de son siècle. S'il fut leur bienfaiteur, leur reconnoissance a illustré son nom, devenu depuis le titre de tous ceux qui, à son exemple, ont protégé les artistes et les écrivains.

Auguste lui-même venoit souvent le visiter; et il comptoit tellement sur les soins empressés et les consolations de l'amitié, que ce n'étoit que dans la maison de Mécène qu'il trouvoit du soulagement à ses infirmités (1). Il profitoit aussi du voisinage des bains magnifiques qu'il avoit fait construire à la source des eaux soufrées de la Solfatara, y alloit chercher le remède des maux de nerfs dont il étoit souvent affecté, et prenoit ces bains, assis dans un fauteuil nommé par Suétone *dureta*, d'un mot de l'ancien dialecte espagnol.

Tucca et Varus, poëtes de Tivoli et courtisans d'Auguste, étoient les intimes de Mécène : ce sont eux qui, à la recommandation de Virgile, procurèrent à Horace l'amitié de leur patron (2). Sa bienveillance fut d'un grand secours à cet illustre poëte qui s'étoit déclaré pour le parti de Brutus et de Cassius; et son nouveau protecteur obtint sa grâce du souverain.

---

(1) *Æger*, dit Suétone, *in domo Mecænatis cubabat.*

(2) Horace nous l'apprend lui-même dans sa sixième satire. *Virgilius, post hunc Varius*, etc. L. I, v. 55.

Horace sut profiter de sa faveur auprès de ces grands personnages pour rétablir sa fortune ; et Mécène lui fit don d'une petite maison de plaisance bâtie sur les rives de l'Anio. C'est dans cette retraite, voisine de celle de Catulle, que, libre de tous soins, et dans un repos voluptueux, il composoit ses immortelles poésies, et chantoit les louanges de ses bienfaiteurs.

L'état prospère de Tivoli devoit cesser à la mort des gens célèbres qui avoient apporté la gloire et les plaisirs dans ce fortuné coin de la terre. Quintilius mourut le premier, et fut pleuré par le prince des poëtes lyriques. Bientôt après, Virgile, voyant approcher la fin de sa carrière, nomma pour ses héritiers Auguste, Mécène et quelques autres amis, leur ordonnant de brûler son divin poëme !... Horace précéda, comme il avoit paru le désirer, son protecteur au tombeau. Et Auguste hérita de la *cilla* de Mécène. Il vint y passer le reste de ses jours ; et c'est dans le temple d'Hercule, voisin de cette habitation, qu'il rendoit la justice à ses peuples.

Les habitans de Tivoli déplorèrent la mort d'un souverain dont la présence presque continuelle avoit porté la vie, la prospérité et la richesse dans leur ville. Ils se plaisoient à rappeler la mémoire de ce prince dans leurs pierres tumulaires (1), et dans plusieurs inscriptions; ils érigèrent même à Livie, son épouse, une statue dans le forum d'Hercule. La base subsistoit encore en 1661, et on y lisoit :

LIVIÆ AVGVSTI
CÆSARIS
PVBLICE.

On prétend (2) que c'est dans la *villa* de Mécène que naquit Caligula, et c'est aussi à Tivoli que, pour immortaliser le souvenir de son infâme commerce avec sa sœur Drusille, il lui fit ériger un temple.

La ville de Tibur, long-temps malheureuse, se réjouit et sembla renaître à l'avènement d'Adrien au trône. Il y fixa sa résidence, et y fit frapper la monnoie de l'empire ; il institua des fêtes, érigea des monumens pour perpétuer le souvenir de son adoption par Trajan (3); enfin, il jeta les fondemens du palais célèbre qui porte encore le nom de *villa Adriana*.

Paternus, l'un des consuls nommés sous le règne d'Adrien, fit aussi construire une maison de plaisance à Tivoli, entre l'Anio et la voie

---

(1) Elles sont rapportées par Fr. Martii, *Hist. di Tivoli*.

(2) Martii, *loc. cit.*

(3) On trouva, en 1655, dans les ruines de la *villa* Adrienne, un groupe de deux figures, en marbre, qui se donnoient la main, et qui figuroient cette adoption comme sur les médailles.

Romaine, vers le pont Lucano. Elle étoit fameuse par les vins qu'on y recueilloit ; et le coteau porte encore le nom de ce consul aussi riche qu'avare.

Les vins de la *villa* de *Serenus*, autre personnage de cette époque, n'étoient pas moins recherchés. La contrée se nomme encore *Serena*; et la beauté de son site a été appréciée par des religieux qui y ont bâti un monastère.

L'empereur Adrien, au retour de ses voyages, termina, vers l'an 138, les immenses bâtimens de sa maison de plaisance, qui couvrent plusieurs lieues de pays, et où il réunit tous les monumens remarquables qu'il avoit admirés en Grèce et en Egypte. Mais à peine eut-il exécuté les vastes projets qui devoient faire de cette *villa* un séjour délicieux, qu'il fut frappé, au faîte de la gloire et de la grandeur, des maux qui assiégent l'humanité. Tourmenté par des douleurs insupportables, il se livroit, pour les oublier, à des excès de tout genre : mais la vie n'en étoit pas moins un fardeau pour lui ; il essaya plus d'un moyen pour s'en débarrasser ; et, maître du Monde, il se plaignoit aux dieux de ne pas l'être de son existence. Enfin, il succomba ; et, à dater de l'époque de sa mort, la contrée qu'il avoit remplie de merveilles perdit tout son éclat.

La magnifique *villa* Adrienne fut abandonnée et même dépouillée de ses plus beaux ornemens; Tibur perdit le nom de *Superbe* que lui avoit donné Virgile, et tous les avantages dont le séjour des empereurs et des riches et voluptueux Romains l'avoient dotée : elle fut alors enveloppée avec Rome et le reste de l'Italie dans la dévastation que les Barbares étendirent sur le Monde.

Cependant l'esprit guerrier ne s'éteignit jamais parmi ses citoyens; ils eurent même une grande part à la destruction de Tusculum (Frascati), ville qui se révolta souvent contre les souverains pontifes; et les Tiburtins conservèrent, du pillage qu'ils y firent, des objets sacrés et profanes, tels que la miraculeuse image du Sauveur qu'on vénère dans la cathédrale, et deux statues égyptiennes qui sont restées long-temps auprès de cette basilique.

L'histoire de Tivoli offre ensuite peu d'intérêt jusqu'au temps des princes de la célèbre famille d'Est, qui essayèrent d'y ramener les arts et les plaisirs en faisant construire une *villa* dans laquelle ils réalisèrent les pompeuses descriptions des antiques maisons de délices. Cette belle maison fut à son tour abandonnée; et le séjour favori d'Horace, de Mécène, d'Auguste, d'Hippolyte d'Est et de l'Arioste, n'est plus

fréquenté aujourd'hui que par les peintres et les
poëtes, qui viennent chercher, au milieu des
ruines et des bocages déserts de l'antique Tibur,
des tableaux, des inspirations et d'agréables
souvenirs.

PORTE S. ANGELO.

LETTRE XXXV.

Chemin des Cascatelles. — Conjectures sur l'ancienne cataracte de l'*Anio*, et sur la *villa* de Manlius Vopiscus. — Grottes de Neptune et des Sirènes. — Evénement déplorable.

Tivoli.

La *Tramontana* chasse les nuages, fait voltiger les feuilles sèches dont elle dépouille les arbres, raffermit la superficie du terrain, et dissipe les vapeurs qui obscurcissoient l'atmosphère ; je peux enfin entreprendre ma première excursion. En sortant de la ville, on passe, en face de la grande cascade, sur un pont jeté d'un roc à un autre ; une petite fenêtre grillée sert à mesurer la profondeur du gouffre où l'*Anio* s'engloutit. Il s'en élève un nuage de bruine qui pénètre d'une humidité glaciale.

Hâtons-nous d'arriver à la porte San-Angelo (*Planche XXII*), à travers de vieilles maisons construites sur les ruines de la magnifique *villa* de Manlius Vopiscus. Nous voici sur le chemin des Cascatelles : route délicieuse, suspendue à la croupe d'un coteau qui s'arrondit en une sorte d'amphithéâtre dont Tibur occupe le centre.

On aperçoit, à travers les oliviers plantés sur l'escarpement, l'*Anio* qui court, serpente, et se brise dans son lit profond et rocailleux. Sur l'autre rive, s'élèvent d'immenses rochers ; leurs flancs crevassés offrent des substructions, des arrachemens de murs et de voûtes. Le temple de Vesta, celui de la Sibylle, et une portion de la ville couronnent leur cime.

Arrêtons-nous d'abord auprès d'une petite chapelle érigée sur le bord de la route, et dessinons le point de vue (*Planche XXIII*) ; mais, pour mieux juger de l'aspect de la vallée, descendons à travers les arbres, et avançons-nous sur la pointe de quelque roc en surplomb. Là, on jouit de la vue de la grotte de Neptune, et de tout le développement des rochers, du haut desquels se précipitoit autrefois le fleuve; car il paroît que la grande cascade actuelle doit son origine à un bouleversement arrivé pendant les siècles de barbarie, et à une époque dont on a perdu le souvenir.

La chute de l'*Anio* étoit très-célèbre chez les anciens. Les expressions dont se sont servis Denys d'Halicarnasse (1), Horace (2), Strabon,

---

(1) *Fluvius Anicus ex urbe Tiburorum de alto multus effunditur scopulo*, etc. (Liv. V, Antiq Rom.)

(2) *Domus Albunea resonantis , et præceps Anio.* (Livre I, Ode VI.)

TEMPLES DE VESTA ET DE LA SIBYLLE.

et surtout Stace (1) dans la description qu'il fait de la *villa* de Manlius Vopiscus, font croire, avec quelque fondement, que cette cataracte existoit au lieu nommé aujourd'hui *Ponte-Lupo*. Cabral (2) a même découvert des vestiges qui fortifient cette opinion.

Dans la profonde vallée, entre le monastère de Saint-Michel et celui de Saint-Antoine, on voit, sur la gauche du fleuve, un petit plateau en forme de péninsule, assez fertile, et planté de pommiers et de vignes. Cabral fut averti par le propriétaire de cet héritage de la découverte de murs antiques revêtus de sédiment, indice du passage des eaux. Il y arriva avec peine par un sentier dangereux, et à travers les rocs fracassés. Parvenu au-dessus du *Ponte-Lupo*, il eut la satisfaction d'admirer les jeux les plus bizarres de la nature et de l'art réunis. Trois ou quatre arcs, plein cintre, fondés sur le rocher, disposés en ligne transversale, et dont les ouvertures s'avancent sous l'antique lit du fleuve, forment autant de passages ou corridors d'environ cinquante palmes de profondeur, et de douze palmes de largeur.

Toute cette construction est en *opus incer-*

---

(1) *Aut ingens in stagna cadit.*

(2) Cabral ; *delle ville e monumenti,* etc. *di Tivoli.* Ch. III, p. 81.

tum. La partie postérieure des corridors se trouve fermée par un gros mur destiné à contenir les eaux, et à les forcer de s'élever au-dessus des voûtes. C'est de leur bord supérieur qu'elles se précipitoient ; et l'on avoit pratiqué, dans l'épaisseur des piles, un passage pour communiquer d'une arcade à l'autre. Par ce moyen, on pouvoit jouir du singulier plaisir d'entendre gronder un fleuve au-dessus de sa tête, et de le voir se déployer tout entier en une nappe transparente, à travers laquelle on apercevoit le coup d'œil de la campagne.

Stace paroît faire allusion à cette magnifique substruction (1) ; et les stalactites qui couvrent les arcs à la manière des glaçons pendans en hiver sur le bord des fontaines, et qui ont été formées par le dépôt des eaux séléniteuses, prouvent clairement que c'étoit bien l'ancienne cataracte. D'ailleurs ce site seul convient aux expressions des auteurs anciens. La vallée peut se nommer en même temps profonde et champêtre (2) ; ce qu'on ne sauroit dire du gouffre où l'*Anio* se précipite maintenant. Les écueils qui se voient au-dessus et aux côtés du *Ponte-Lupo*, et qui devoient aussi exister autrefois,

____

(1) Stace, liv. I, Carm. III, des Silv⁴⁸.

(2) *Profundam*, *lucisque obsitam*.

motivent les expressions de *alto scopulo, altâ rupe*, dont se sert Denys d'Halicarnasse. La partie du vallon qui se trouve immédiatement au-dessous de ce rocher, et qui forme aujourd'hui un jardin, offre aussi les traces de la chute des eaux ; et, pour peu qu'on creuse le terrain, on rencontre du sable et des cailloux roulés par le fleuve (1).

Le volume des stalactites qui, dans certains endroits, ont plusieurs brasses de grosseur, fait présumer que le fleuve a été retenu dans ses limites un long espace de temps ; et la vigilance des Tiburtins devoit être extrème pour enchaîner l'effort de ses eaux. Mais, dès qu'elles n'ont plus suivi la route qui leur étoit prescrite, le site a été bouleversé ; il est devenu un abîme caverneux, un précipice où l'eau, pouvant s'infiltrer à travers le massif, et dans les fentes du rocher, en a rongé de telle manière les parties les moins dures, qu'à présent il présente des cavernes effrayantes, à travers lesquelles les divers courans tombent, bondissent, se divisent en mille petits jets, et produisent un spectacle si extraordinaire, une si belle horreur, qu'on a nommé ce

---

(1) La description des substructions du temple de Vesta (Lettre XXXIII) fortifie cette opinion ; car elle prouve que le niveau du fleuve s'élevoit à cette hauteur, et que ses eaux ne se précipitoient que beaucoup plus loin.

lieu la grotte de Neptune, devenue l'objet constant de l'admiration, de l'étonnement, et de l'étude des peintres de paysage.

Les premières ruines que j'ai rencontrées en sortant par la porte *San-Angelo* sont certainement les restes de la fameuse maison de délices de Manlius Vopiscus, Tiburtin, et consul de Rome avec Annius Hasta, sous le règne de Trajan. Ce consul fut aussi le favori de Domitien qui le combla de richesses et d'honneurs; et la *villa* qu'il construisit à Tivoli devoit être magnifique, si l'on en juge par la description qu'en a faite Stace, poëte contemporain.

Cependant l'âpreté de ce sol, et les horribles précipices que l'*Anio* y a formés, feroient presque révoquer en doute l'existence de cette *villa*, si l'on ne réfléchissoit à la puissance destructive du temps, et à l'incurie des hommes bien plus fatale encore. Examinons les vestiges qui existent; lisons avec quelque attention, et sur les lieux même, la description de Stace, pour y reconnoître tous les caractères distinctifs de cette maison de plaisance (1).

Elle occupoit un espace de terrain considérable, et s'étendoit en longueur depuis l'église

---

(1) Nous suivons ici l'opinion de Cabral, qui nous a paru très-vraisemblable.

de *Santa-Maria del Ponte* jusqu'au *Ponte-Lupo*, auprès duquel on voit encore les vestiges d'anciennes fabriques dépendantes du grand corps-de-logis. Dans toute cette longueur l'*Anio* couloit paisiblement, et sur une ligne horizontale, jusqu'au *Ponte-Lupo* où il formoit l'antique cataracte. Sur le sens de la largeur, les constructions touchoient, d'une part, au temple de la Sibylle, et, du côté opposé, s'appuyoient sur la pente du mont *Catillus*, dit aujourd'hui de la Croix.

Les vers de Stace nous apprennent en effet (1) que ces constructions s'étendoient sur les deux rives du fleuve, et que l'on communiquoit par des ponts et des voûtes, de manière à se voir, à s'entendre, et à se donner presque la main d'un bord à l'autre. On voit encore, de chaque côté, les arrachemens d'antiques édifices, et surtout de ceux à trois étages, ou en

---

(1) Nous croyons devoir rapporter les vers de Stace, qui contiennent cette description ; en supprimant toutefois ceux qui n'y ont aucun rapport.

> Cernere fæcundi Tibur glaciale *Vopisci*
> Si quis, et inserto geminos Aniene penates,
> Aut potuit sociæ commercia noscere ripæ,
> Urtantesque sibi dominum defendere villas, etc.
> . . . . Nemora alta citulis
> Incubuére vadis. Fallax responsat imago
> Frondibus . . . .
> Ipse Anien (miranda fides) infraque, supraque
> Saxeus, hic tumidam rabiem, spumosaque ponit

degrés, qui étoient construits sur la pente du mont *Catillus*. Enfin *Antonio del Re*, et *Pirro Ligorio* ont observé des arcades et des voûtes qui, de leur temps, n'étoient pas tout-à-fait ruinées, et sur lesquelles on passoit même, comme sur un pont, d'une partie de la *villa* à l'autre.

Quoique, selon Stacé, l'Anio fût rempli de rochers au-dessus et au-dessous de la villa, on remarquoit avec surprise qu'il étoit paisible jusqu'au Ponte-Lupo. C'est donc avec raison que le poëte dit qu'il ne troubloit pas le sommeil, et que son doux murmure invitoit au repos, aux douces méditations ou à l'étude. Les eaux tranquilles réfléchissoient l'image des voûtes de verdure qui ombrageoient les terrasses ou qui ceignoient les bâtimens de sombres bocages; mais bientôt, après avoir alimenté des bains, des fontaines, des pièces d'eau et des

---

Murmura; ceu placidi veritus turbare Vopisci
Pieriosque dies, et habentes carmina somnos.
Littus utrumque domi : nec te mitissimus amnis
Dividit. Alternas servant prætoria ripas.
. . . . Datur hic transmittere visus
Et voces, et pene manus . . . .
Mirer an emissas per cuncta cubilia lymphas!
. . . . .
Aut quid partitis distantia tecta trichoris ?
Teque per obliquum penitùs qua laberis amnem
Marcia ? et audaci transcurris flumina plumbo.
. . . . .
An quæ graminea suscepta crepidine fumant
Balneæ . . ., ...

viviers, il reprenoit toute sa furie, et se précipitoit d'une grande hauteur.

L'eau *marcia* couroit aussi sous l'Anio dans des conduits de plomb, et traversoit ou jaillissoit dans presque toutes les chambres de ces édifices.

Ant. del Re dit qu'environ vingt-cinq ans avant lui on avoit découvert dans une vigne les mêmes tuyaux de plomb qui conduisoient l'eau marcia dans cette villa.

D'autres auteurs (1) ont prétendu que la description de Stace se rapportoit au site occupé par le petit couvent de Saint-Antoine de Padoue, en face des Cascatelles. La grande distance qui existe entre les deux rives du fleuve et l'énorme profondeur de la vallée qui les sépare, détruisent cette supposition. D'ailleurs, le local dont j'ai parlé précédemment, et qui sous beaucoup de rapports semble réunir toutes les conditions, a de plus toujours conservé le nom de l'*Opiscone*, dans lequel il est aisé de reconnoître celui de *Vopiscone*, c'est-à-dire propriété de Vopiscus (2).

____

(1) Particulièrement Chaupy, dans son ouvrage intitulé: *Découverte de la maison de campagne d'Horace.*

(2) A cet égard, quoique la ressemblance des noms modernes avec ceux de l'antiquité, puisse induire souvent en erreur, parce qu'il est difficile que les mêmes dénominations se soient transmises de siècle en siècle, en éprouvant toutefois les vicissitudes du langage; néanmoins, lorsqu'on trouve plusieurs parties du terri-

Quoi qu'il en soit, si l'on considère avec quelque attention cet endroit profondément excavé par les eaux (*Planche XXIV*), on y reconnoît les traces d'une grande catastrophe, à laquelle on doit attribuer le peu de rapport qui existe entre la description des anciens auteurs et ce que nous voyons aujourd'hui. Reportons-nous au temps de Stace; accordons, en tout s'il se peut, le sens de ses vers avec les localités; et rétablissons, par la pensée, ces lieux dans leur intégrité primitive.

On ne peut le faire, au moins tel est notre avis, qu'en supposant que tout l'espace compris entre l'église de Sainte-Marie et le rocher de Ponte-Lupo, qui s'élève à une grande hauteur comme un mur, et qui ferme la vallée, en supposant, dis-je, que ce vaste et profond entonnoir étoit rempli autrefois par les eaux du fleuve, qui, ne s'étant pas encore frayé une issue souterraine, s'élevoient jusqu'à son sommet, d'où

---

toire de Tivoli distinguées par les noms de *Centrone*, *Pisoni*, *Carciano*, *Quintigliolo*, etc., on ne peut se refuser à reconnoître dans les ruines qui y existent encore, celles des maisons de campagne des Centron, Pison, Cassius et Quintilius, qu'on sait y avoir habité. Il est vrai que les dénominations anciennes sont parfois étrangement défigurées, et qu'on a de la peine à deviner, dans celui de *Lustrico*, les jardins de Salluste à Rome, et le nom de Mammée dans ceux des ponts *Molle* et *Mammolo*. Mais on ne doit s'aider du secours des étymologies, qu'autant qu'elles coïncident avec les écrits des anciens.

PONTE LUPO.

elles se précipitoient au fond de la vallée extérieure.

La grande cascade actuelle ne devoit pas exister; et ses eaux, suspendues à la hauteur du soubassement des temples de Vesta et de la Sibylle,
et divisées en plusieurs canaux; aboutissoient
au tranquille réservoir dans lequel se répé-
toient les magnifiques constructions érigées par
Vopiscus.

Nous reconnoissons encore les restes de ces
canaux dans les substructions du temple de
Vesta, dans celles qui supportent l'église et
l'hôpital de Sainte-Marie, dans le canal de la
Poudrière. Enfin, les constructions dont on voit
les arrachemens sur l'une et l'autre rive de cet
antique lac, appartenoient aux deux *villa* de
Vopiscus, qui se lioient ensemble, avons-nous
déjà dit, au moyen de ponts, tels que celui qui
existe en tête du canal; tandis qu'une autre
voûte, jetée vers le Ponte-Lupo, et dont on
voyoit jadis les vestiges, servoit de communication à l'autre extrémité des bâtimens. Mais,
dès que les eaux eurent trouvé une issue au-
dessous de Ponte-Lupo, le bassin de l'ancien
lac se vida et offrit le précipice caverneux qu'on
nomme grotte de Neptune.

On peut reconnoître, sur les parois verticales
du rocher, la preuve du séjour des eaux à la

hauteur du Ponte-Lupo; elles en offrent encore la trace dans cette immense corrosion sur laquelle reposent en surplomb les bâtimens de l'hôpital, et dans ces excavations horizontales formées visiblement par les eaux qui ont dissous les portions les plus tendres du rocher, dont il ne reste, en effet, que les parties siliceuses. Ces profondes marques indiquent donc que le niveau des eaux s'est soutenu à la hauteur du sommet de Ponte-Lupo, bien plus élevé qu'il ne l'est à présent, jusqu'à l'époque où elles ont trouvé une issue inférieure, par où elles s'écoulent maintenant. Après avoir sapé peu à peu les fondemens de leurs rives escarpées, elles en auront fait écrouler des portions considérables, et elles auront entraîné dans leur chute les constructions dont on voit les arrachemens sur les parois correspondantes.

La vallée alors se sera élargie, et elle aura changé de face, au point de faire méconnoître les traits caractéristiques de la délicieuse retraite de Vopiscus, dont les bâtimens étoient construits en gradins depuis le sommet du coteau jusques au bord du fleuve, si paisible dans cette partie, tandis qu'au-dessous, vers le pont actuel, il tomboit d'environ cinquante pieds de hauteur, et, après avoir servi à tous les usages utiles et agréables, il couloit lentement jusques au Ponte-Lupo, d'où se précipitant enfin, de deux cents pieds d'élévation, dans la vallée inférieure, il formoit la véritable *catadupe*, le *præceps Anio*, si célèbre, et qu'Horace pouvoit apercevoir des terrasses de sa maison.

Au reste, les peintres ne doivent pas regretter que ces lieux aient changé d'aspect : le bouleversement qu'ils ont éprouvé a produit d'admirables effets, de belles horreurs, de sublimes contrastes qui laissent dans l'âme des impressions ineffaçables.

Ceux qui n'ont connu que les jeux de l'esprit inventif des hommes, et qui, après avoir admiré les cascades et les jets si vantés de Saint-Cloud et de Versailles, ont cru que les eaux, s'élançant avec contrainte par d'étroits canaux, et retombant avec symétrie sur des gradins de marbre, offroient à l'œil les plus beaux effets qu'il fût possible de produire, qui enfin préféreront ces merveilles factices à toutes celles de la nature, n'apprécieront pas les prodiges surprenans de Tivoli, dont la plume et le pinceau ne peuvent donner qu'une très-foible idée.

Néanmoins, il faudroit être insensible pour ne pas se sentir ému, comme je l'ai été, à l'aspect de ces lieux extraordinaires. Même encore aujourd'hui, quoique loin des objets que je peins, il me semble entendre gronder à mon oreille les eaux du fleuve comprimé et furieux ; la fraîcheur glaciale de ses grottes humides me fait frissonner ; et la déchirante tragédie dont j'ai été témoin me pénètre encore d'horreur et de pitié.

Descendons en cet endroit si connu sous le nom de *grotte de Neptune*, et qui ressemble plutôt au palais de cette divinité. Qu'on se figure, en effet, un immense rocher où l'effort des eaux a creusé une infinité de routes secrètes, à travers lesquelles des torrens se sont fait jour pour se donner en quelque sorte rendez-vous dans un gouffre ; là, ils mugissent à la fois, ils remplissent l'atmosphère d'une poussière humide, ils l'agitent et ils la font tourbillonner par l'impulsion rapide de leur course.

L'air comprimé rend des sons tantôt sourds, tantôt retentissans, qui se prolongent en longs sifflemens ou en espèces de cadences ; et tous ces bruits, confondus et répétés par les échos, exaltés ou modifiés par les vents, produisent une sorte d'harmonie singulière, terrible, qui couvre la voix des hommes, le son des instrumens, même la détonation des armes à feu ; et qui pour ainsi dire impose silence à toute la nature pour faire entendre sans obstacle les accens du dieu des tempêtes.

Bien plus, lorsque cette espèce de voix se marie

au bruissement des arbres agités par l'orageux
Aquilon, et qu'il s'y joint le roulement du tonnerre et les éclats de la foudre, cette scène
unique dans la nature est bien propre à jeter de
profondes traces dans l'esprit, à subjuguer la
raison, à humilier notre entendement, et à faire
sentir le néant des ambitions, des grandeurs et
de la puissance humaine. Grands de la terre,
venez figurer quelques instans au milieu de cette
imposante scène; vous y reconnoîtrez la foi-
blesse de l'homme, la fragilité de la vie, et vous
courberez malgré vous un front humilié devant
la seule véritable grandeur, celle de la Divinité!

J'ai vu un être malheureux trouver en ce lieu
solitaire et mélancolique l'oubli de ses chagrins
et de ses souffrances; tandis qu'un autre individu, jeune, hardi, fortuné, et doué surtout
d'un joyeux caractère, m'avoua que ce site imposant, qu'il avoit visité dans le silence de la
nuit, avoit paralysé ses facultés, éteint son imagination, l'avoit pénétré d'une secrète horreur,
et avoit failli enfin à le jeter dans le désespoir.

« C'est au bord de ce précipice, me disoit-il,
c'est sur ces roches pendantes, qu'on voit s'éva-
nouir toutes les idées de force, de courage et de
génie : une légère distraction, un mouvement
irréfléchi, un grain de sable qui roule, un souffle
même, peuvent vous entraîner sans retour dans

l'abîme. Votre vie tient au fil de Damoclès; et cependant on ne l'apprécie pas plus que celle de l'insecte qu'on écrase involontairement; on y attache même si peu d'importance, qu'on seroit tenté de la sacrifier, si l'on ne se hâtoit de rassembler autour de son cœur tous les souvenirs, toutes les affections des êtres qui vous sont chers, pour en faire un rempart contre la profonde mélancolie qui vous obsède, et contre cet état de découragement, d'abnégation totale, qui conduiroit enfin au mépris de l'existence, et au désir de s'y soustraire. »

Mais l'artiste n'éprouve en ce lieu que des transports d'admiration, et les inspirations du génie; il est distrait de toute idée lugubre par les beautés naturelles de tout genre qui lui servent de modèle, et de motif d'étude.

Au fond de ces précipices on ne voit guère d'autres êtres animés que de nombreux pigeons ramiers qui font leurs nids dans les excavations. Familiarisés avec le mugissement des eaux, ils traversent en tous sens l'humide bruine où ils se plaisent à baigner leurs ailes, ils voltigent çà et là dans le vide de la vallée, descendent parfois jusqu'au niveau des grottes, et luttent avec le courant d'air qui semble les y précipiter.

De ce point de vue (*Planche XXV*), on aperçoit à peine le ciel; on se trouve englouti

GROTTE DES SIRÈNES.

dans les entrailles de la terre entr'ouverte, et sans cesse baignée par les eaux qui s'échappent de toutes parts, et bondissent à travers ses interstices. La végétation même, encore active pour certaines plantes, devient nulle pour les grands végétaux. Deux arbres, dont l'ancienneté remonte peut-être à cette époque où les eaux prenoient une autre direction, restent debout : secs, et privés même de leur écorce, ils ne tiennent au banc de pierre, lavé et dépouillé de sa couche de terre végétale, que par leurs racines sans vie, mais qui leur servent de point d'appui pour résister à l'effort des vagues qui parfois les recouvrent. Les autres rochers sont revêtus de mousses, d'herbes pendantes, de ronces, et de quelques fleurs étiolées.

En quelques endroits, on aperçoit, à travers le liquide cristal, le rocher noirâtre sur lequel les eaux glissent ; ou bien ses pointes brunes ou verdâtres contrastent et font mieux ressortir la blancheur éclatante du flot écumeux qui s'y brise.

Ce n'est que du plus haut point de sa carrière que l'astre du jour peut verser la lumière jusqu'au fond de ces précipices, dont les parois brillent alors d'un éclat extraordinaire. L'évaporation des eaux donne à la pierre des tons d'une merveilleuse variété ; parfois d'un rouge de laque ou de vermillon, ils passent par toutes les autres dégradations des teintes de la palette, depuis le jaune d'or jusqu'au ton chaud et vigoureux du bitume. Les arbustes, les plantes et les mousses offrent les verts les plus transparens, les plus fins et les plus vigoureux. Le reflet du ciel donne aux parties dans l'ombre, et au brouillard ondoyant qui les couvre de son voile, une nuance bleuâtre ou gris de lin extrêmement légère ; mais lorsqu'un rayon pénètre au travers de quelque crevasse des rochers, alors cette vapeur brille de toutes les nuances du prisme, et de l'éclat des diamans.

Après avoir visité en détail la grotte de Neptune et celle des Sirènes, après avoir parcouru les divers sentiers qui y conduisent, et dessiné quelques uns des innombrables aspects qu'offrent ces lieux étonnans, je suis revenu à la ville en remontant le long des pentes escarpées de la montagne, et en marchant avec précaution à travers les arbustes dont les branches flexibles servent de point d'appui et de barrière pour rassurer sur les dangers de la route.

Je cheminois lentement et en silence, lorsque, au milieu des bruits naturels dont ces rocs retentissent sans cesse, je crus démêler des cris confus. Je hâte ma marche ; ils me frappent davantage à mesure que j'approche du sommet de la montagne. Enfin je distingue parmi les autres voix, celle d'une femme qui déchiroit l'air de ses accens douloureux.

Bientôt j'aperçois la cime des rochers bordée d'une foule de gens de tout âge, qui couroient, s'appeloient, se répondoient avec tous les signes de la frayeur, de l'anxiété. Entraîné moi-même avec la foule vers un escarpement qui domine la grande cascade, que vois-je !...... le cadavre défiguré d'un adolescent que l'on retiroit du précipice !....

Sorti, dès le matin, de la maison paternelle, pour venir chasser sur les rives escarpées du fleuve, l'imprudent jeune homme n'avoit point reparu de la journée. Inquiets sur son sort, ses amis le cherchoient au travers les rocs humides et glissans que les chasseurs, emportés par une passion dominante à Tivoli, ont l'habitude de parcourir, sans s'occuper des dangers qui les entourent ; et ils étoient parvenus à découvrir son corps suspendu aux ronces qui tapissent l'escarpement de la grande cascade.

La vallée avoit retenti d'un cri douloureux, qui, en se prolongeant, avoit frappé la mère de l'infortunée victime de son imprudence. En vain les personnes qui l'entouroient cherchent à la calmer : l'inquiétude est dans son âme ; elle court les cheveux épars, le visage baigné de larmes; elle arrive, elle se suspend au bord du précipice, et, dans son désespoir, elle résiste aux efforts qu'on fait pour la retenir : elle appelle son fils, et elle veut repaître ses yeux secs et hagards de toute l'horreur de ce spectacle.

Cependant un hardi chasseur s'étoit fait descendre, au moyen de câbles, dans l'endroit où gisoit son malheureux compagnon, qui, froissé, suffoqué par la rapidité de sa chute à travers les pointes de rochers, avoit déjà perdu la vie. Pendant qu'on les retiroit tous deux, on voulut employer la force pour entraîner la malheureuse mère; mais les mouvemens convulsifs dont elle étoit agitée redoublèrent au point de donner les plus vives alarmes. Alors on cria : « Rendez-lui le corps de son fils!... » Scène déchirante, que je n'oublierai jamais, que mes expressions affoibliroient, et que l'amour maternel peut seul rendre! Après avoir couvert le cadavre de pleurs, de sanglots et de caresses; après avoir essayé de le réchauffer sur son sein; convaincue désormais de toute l'étendue de son malheur, elle s'écrie : « Il est mort!.... » et tombe elle-même dans l'anéantissement.

On l'entraîne alors sans résistance loin du théâtre de cette funeste catastrophe. Bientôt la confrérie de la Miséricorde s'empare du corps du jeune homme; et, se formant en une lugubre procession, elle fait retentir les rues de la ville de cantiques sacrés, et va déposer son douloureux fardeau dans l'église, où les prières des prêtres vont secourir l'âme errante dans l'espace, et achever de la réconcilier avec la Divinité.

LETTRE XXXVI.

Villa de Catulle. — Bois consacré à Tiburnus. — Maison d'Horace.

Tivoli.

LA retraite d'un célèbre Romain, et le sanctuaire d'une divinité, ont peut-être trop long-temps fixé mes regards et exercé mes crayons ; mais il est permis à l'artiste de s'oublier et de s'égarer au milieu de semblables objets. Je reprends le récit de mes excursions, et je poursuis ma route vers les Cascatelles.

Arrivé à l'angle que forme la vallée, après avoir passé le petit pont, dit *Castagnola*, et auprès d'une fontaine où des nymphes de la Sabine lavent et étendent leur linge, je trouve, à droite, un sentier taillé en pente douce dans la montagne. Il mène à l'église de Saint-Ange, *in Piavola*, qui est adossée au couvent et à l'enclos des moines olivetains.

Une tradition très-ancienne m'avertit que ce local étoit occupé jadis par la maison de Catulle, de cet aimable poëte, de ce facile génie, sans rival pour les sujets gracieux, qui s'élevoit parfois au sublime de la passion, et qu'on ne peut mieux louer qu'en rappelant les emprunts que lui a faits Virgile. En effet, les idées, les expressions, et même des vers entiers de l'une de ses pièces se retrouvent dans l'Enéide; en un mot, l'Ariane de Catulle a fourni au Chantre d'Enée le modèle de sa Didon.

L'heureux amant de Lesbie partageoit ses jours, consacrés à la tendresse et aux plaisirs, entre Rome et son agréable habitation de Tibur, où il réunissoit les plus grands personnages de son temps. Cicéron, Plancus, Cinna furent ses amis; et César, qu'il avoit atteint d'une épigramme, ne s'en vengea qu'en l'invitant à souper.

Il est singulier qu'un lieu consacré aux plaisirs, par un poëte un peu libertin (car on disoit : *Qui écrit comme Catulle, vit rarement comme Caton*), soit devenu, par la suite, le séjour de l'austérité, de la pénitence et de la chasteté; et il est digne de remarque qu'on doit chercher presque toujours la trace des anciennes maisons de délices, dans les lieux où l'on voit s'élever un couvent. Existoit-il dans la campagne quelque monument vaste et magnifique, mais à moitié ruiné? Il étoit, dans le moyen âge, converti en église; et ses dépendances servoient d'habitation aux ministres de la religion. Le monastère, élevé d'abord sur d'antiques fondations, et sur un plan dont on avoit reconnu la convenance, étoit réédifié ensuite avec les mêmes distributions, qui se sont ainsi conservées jusqu'à nos jours.

Qu'on examine les maisons de Pompeï; qu'on lise les descriptions des *villa* antiques, et l'on en retrouvera l'imitation fidèle dans les monas- tères modernes : ces cours entourées de por- tiques qui servoient de promenoirs, et dans les- quels aboutissent des chambres sans aucune autre communication entre elles; ces bassins qui les ornoient, ces terrasses ou loges couvertes, ces oratoires placés dans les jardins, les églises même avec leurs chapelles, souvent distribuées comme des salles de thermes, offrent une foule de rapports, de convenances et d'usages, d'une analogie frappante avec les maisons antiques.

Les bâtimens religieux, dont la campagne de Rome est parsemée, occupent presque toujours des sites agréables où l'on jouit d'un air pur, d'une vue lointaine, du voisinage des bois, des lacs ou des rivières. Ces avantages, goûtés par les Romains, riches, éclairés et amateurs des beautés de la nature et des arts, devoient être appréciés par les religieux, qui, pendant long- temps, avoient seuls conservé la tradition des connoissances, et jusqu'à l'aménité de la civili- sation.

Quoi qu'il en soit, le couvent des Olivetains passe avec d'autant plus de raison pour l'asile de Catulle, qu'il en fixe lui-même la situation entre la Sabine et le territoire de Tivoli, de manière qu'on ne savoit duquel de ces cantons il dépendoit (1). En effet, ce lieu très-voisin de Tibur, peut être aussi considéré comme appartenant à la Sabine, puisqu'il est au-delà du fleuve qui en forme les limites (2). D'ailleurs, il n'est pas d'endroit plus retiré, mieux garanti des vents, que cet angle rentrant de la vallée, entouré de tous côtés par de hautes montagnes; ce qui est encore un des caractères du local choisi par notre poëte, qui prétendoit y être à l'abri de tout autre vent que de celui qui l'expose à la vengeance de sa maîtresse.

Il est donc difficile de trouver de ce côté un site dont tous les traits conviennent mieux à l'idée qu'on se forme de l'habitation de Catulle; et, en creusant dans cette enceinte, on trouva de très-beaux pavés de différens marbres, et une colonne sur laquelle étoient sculptées, en bas-reliefs, des figures de femmes représentant les Muses ou les Grâces, compagnes du poëte qu'elle sont si bien inspiré.

---

(1) Catulle, Epig. 44.
(2) *Idem*, Epître 26.

Catulle étoit voisin d'Horace : dirigeons-nous vers la demeure de cet autre favori des Muses. On y parvient par un chemin extrêmement pittoresque, et ombragé par des oliviers, des chênes verts, des lauriers et des vignes. C'est là sans doute ce fameux *Tiburni luculum*, ce bois sacré où l'on voyoit, du temps de Pline, trois immenses chênes verts plus vieux que Tiburnus qui fonda la ville. On y remarquoit aussi son tombeau et son temple; car les peuples du Latium étoient dans l'usage de compter leurs fondateurs parmi les dieux, et de leur ériger des autels (1).

En interprétant les anciens auteurs qui ont parlé de ce bois sacré (2), on ne peut mieux le placer que sur la droite du fleuve, et non loin de l'ancienne chute, sur cette pente de la montagne dite *la Salita di Emmanuele*, d'autant plus que c'est le seul point aux environs de Tivoli où l'on retrouve des chênes verts; et la fontaine, qui existe dans la partie supérieure, peut avoir été consacrée, ainsi que le bois, à Tiburnus.

La maison d'Horace doit se chercher dans le

---

(1) C'est ainsi qu'en usèrent les Laurentins, pour Latinus; les Laviniens, pour Enée; ceux d'Ardée, pour Daunus, et les habitans de Tusculum, d'Arici, de Prénestie et de Rome, en faveur de Telegonus, d'Hippolyte, de Ceculus et de Romulus.

(2) Horace, Stace et Suétone, cités par Cabral qui est d'un avis contraire à celui de Domenico de Sanctis.

SITE DE LA MAISON D'HORACE.

voisinage. J'aperçois, à travers les arbres, un petit couvent bâti sur d'antiques débris, et dans le site le plus pittoresque : n'allons pas plus loin ; nous voici sur les terres de l'ami de Mécène (*Planche XX*).

Mais un spectacle admirable s'offre tout à coup à mes regards surpris et enchantés ; il me fait oublier Horace, sa maison, et jusqu'à ses vers..... Voici les Cascatelles!.... J'ai déjà vu, avec un frémissement en quelque sorte solennel, le fleuve se précipiter dans un gouffre rocailleux et obscur ; je le vois ici se jouer dans les airs, s'embellir de l'éclat du grand jour, se pénétrer des feux du soleil, se cacher, reparoître et bondir jusqu'au fond de la vallée, à travers la verdure et les fleurs. Peintres et poëtes, rendrez-vous ce tableau ? Atteindrez-vous à la sublime hauteur de la nature, qui seule a le droit d'être toujours neuve, toujours étonnante dans sa prodigieuse variété ?

C'est le matin qu'il faut visiter ces lieux ; c'est alors le moment de l'inspiration et des douces rêveries. Les sens ne sont point encore abattus par la fatigue d'une longue et laborieuse journée ; ils ont retrouvé le calme dans les bras du sommeil ; et l'on est disposé à jouir, dans un voluptueux délire, de toutes les facultés de l'imagination.

Je me suis égaré avec délice sous l'ombrage d'antiques oliviers qu'Horace a peut-être plantés, ou qui faisoient partie des immenses possessions de Quintilius Varus. Voici un vieux arbre déraciné; il avoit long-temps résisté aux efforts des siècles, des torrens et des tempêtes; il a été miné lentement par de foibles insectes, et s'est écroulé tout à coup comme une haute tour sapée dans ses fondemens. Il me représente cet arbre maudit, l'objet des imprécations du poëte, et qui faillit l'écraser de sa chute. Asseyons-nous sur ses racines tortueuses, qui ont servi de siége à de nombreuses générations d'artistes.

Cependant le soleil n'a point encore échauffé ces lieux de ses rayons, qui rasent la cime de la montagne, ainsi que les édifices les plus élevés de la ville entremêlés de grands arbres, et qui bordent tous ces objets d'une vive clarté. De longues traînées de lumières traversent les airs, laissent le fond de la vallée dans une fraîche et vaporeuse demi-teinte, et viennent frapper à ma gauche les murs blanchis de la chapelle qui a remplacé la maison d'Horace.

Un jardinier, sorte d'ermite, occupe maintenant le cellier du poëte; il m'a offert un morceau de son pain noir, du lait de sa chèvre, et du *pizzutello*, pendant aux tortueux rameaux de la vigne qui tapisse et ombrage l'entrée de sa demeure. Il conserve la mémoire de son aimable précurseur, et il a pour lui quelque estime. On voyoit, me dit-il, autrefois en ce lieu des restes de peintures, et des pavés de mosaïque. Dans le jardin, sa bêche s'est souvent brisée sur des fragmens de marbre : de vieilles fondations, dont le terrain est coupé, le contrarient aussi ; mais elles empêchent les pluies de déchausser les arbres, d'entraîner les couches de ses melons et les plans de ses herbes potagères.

Une tradition, conservée parmi les habitans de Tivoli, indique les substructions sur lesquelles est construit le petit couvent de Saint-Antoine, comme les vestiges de la maison d'Horace. Située sur la rive droite de l'Anio, cette *villa* pouvoit, aussi bien que celle de Catulle, se nommer Sabine ou Tiburtine, suivant les expressions de Suétone, qui la place dans le voisinage du bois sacré de Tibur (1).

Néanmoins, Palestrine, Licence, Bayes, Tarente et d'autres contrées prétendent avoir donné un asile à la muse d'Horace. Doit-on croire pour cela qu'il eut dans tous ces lieux des maisons de plaisance ? S'il en étoit ainsi, auroit-

______

(1) *Vixit plurimùm in secessu ruris sui Sabini aut Tiburtini; domusque ejus videhtur circa Tiburni luculum.* (Vie d'Horace, attribuée à Suétone.)

il pu se vanter si souvent, et avec une telle apparence de franchise, de la modération de ses désirs ? Il s'estime, dit-il, plus heureux qu'un roi, quoiqu'il ne possède qu'un casin, une fontaine limpide, un petit bois, et un champ borné, mais qui, pour l'ordinaire, ne trompe point ses espérances ; il n'importune pas les dieux pour en avoir davantage : il fait même parade de sa pauvreté, se rit de ceux qui, déjà vieux et sur le bord de la tombe, cherchent à embellir leurs palais et à étendre leurs possessions.

Cependant la pauvreté d'Horace n'étoit que relative : il avoit une maison à Rome, des rentes, des fermiers, et même des vassaux. Il ne se considéroit pas comme riche ; mais, jouissant de l'*aurea mediocritas*, de cette heureuse aisance aussi éloignée de la richesse que de la pauvreté, il ne portoit point envie à ses riches voisins.

Au reste, le site escarpé qu'occupoit sa maison, prouve qu'elle étoit peu spacieuse : un jardin de plusieurs arpens, soutenu par des terrasses, s'étendoit en avant jusqu'aux bords du fleuve ; un bois de chênes, qui existe encore, mettoit ses bâtimens à l'abri de l'ardeur du midi, et offroit une promenade comparable, dit le poëte, aux délicieux bocages de Tarente. Enfin, ce séjour enchanté, où l'on pouvoit braver l'intempérie de l'automne, et jouir en paix de tous les agrémens de la campagne et des charmes de l'étude, satisferoit encore les vœux de l'homme modeste, ami de la retraite et des arts.

Plusieurs écrivains (1) ont soutenu qu'Horace ne possédoit rien à Tivoli, et que son *unique* maison de campagne étoit située dans le fond des montagnes de la Sabine, proche de Licence. Moins exclusif qu'eux, je leur accorderai qu'il avoit une ferme en cet endroit ; mais, en grâce, qu'ils me laissent dans la compagnie du poëte philosophe rêver sur les bords de l'Anio qu'ils veulent désenchanter. Horace ne dit-il pas lui-même qu'il préféroit Tibur aux lieux les plus célèbres ? Larisse et Sparte n'étoient rien pour lui en comparaison. Fatigué de la magnificence et des plaisirs de Rome, il ne soupiroit qu'après le doux loisir et la tranquillité dont il jouissoit dans sa retraite de Tibur. Il n'étoit jamais si bien inspiré que sous les frais bocages et auprès des cascades frémissantes de l'Anio : c'est là qu'il composoit ses vers à la manière des abeilles, ou qu'inspiré, autant par les nymphes de Tibur que par les Muses, il abandonnoit son imagination au plus sublime enthousiasme. La maison

____

(1) Domenico de Sanctis, *Dissert. sopra la villa d'Orazio;* et Capmartin de Chaupy : *Découverte de la maison de campagne d'Horace.*

retentissante de la Sibylle, le bois sacré de Tiburnus, les ruisseaux qui murmurent à travers les vergers, il semble qu'il ait tout dessiné d'après nature ; et ces lieux, qui conservent les mêmes avantages, ne pourroient encore être peints qu'avec les mêmes couleurs.

Cependant les commentateurs, pressés par l'évidente conviction qui résulte des propres expressions du poëte, supposent qu'il habitoit fréquemment à Tibur dans la maison de quelque ami, peut-être chez Mécène. Mais est-il vraisemblable qu'un génie aussi indépendant que celui d'Horace, qui osoit déclarer à son bienfaiteur qu'en acceptant ses dons il n'entendoit pas enchaîner sa liberté ; est-il vraisemblable, dis-je, qu'il eût aimé ces lieux jusqu'au point de croire qu'il s'immortaliseroit par les vers qu'ils lui avoient inspirés, s'il ne s'y étoit ménagé une retraite où il vouloit finir ses jours ? Au reste, Suétone ne dit pas qu'il vécut dans la maison de Mécène, mais sur ses propres possessions ; et non dans la ville, mais auprès du bois de Tibur. Et ce témoignage ne peut être rejeté, à moins qu'on ne croie, avec l'un de nos désenchanteurs, que la vie d'Horace a été écrite par un *Pseudo-Suétone*.

Qu'on me laisse donc le doux prestige d'avoir foulé le même sol qu'Horace, de m'être égaré, son immortel ouvrage à la main, sous ces ombrages qu'il a chantés ; de croire que ces arbres antiques sont les rejetons de ceux qu'il a vus croître, et que ces caveaux à moitié ruinés contenoient autrefois ses amphores remplies, non de Falerne, mais de ce vin recueilli par lui-même sur les coteaux de la Sabine, et qui empruntoit le parfum du vin grec jadis renfermé dans ces vases.

J'aime à me figurer que vers le milieu du jour il alloit, accompagné de quelques vrais amis, ou de femmes charmantes, respirer la fraîcheur sous ces voûtes couvertes de lierre ou ombragées par la vigne ; que ce chemin tracé entre les oliviers, et qui se dirige vers Tibur, est celui que l'élève d'Epicure parcouroit d'un pas incertain en revenant des grands repas du favori d'Auguste, ou de ces petites débauches qu'il se permettoit avec ses voluptueux voisins.

J'en veux à ces froids dissertateurs qui dépouillent ces lieux célèbres de tous leurs souvenirs ; ils me rappellent ces barbares qui ouvrent un tombeau pour en disperser les cendres. A la lecture de leurs discussions sèches et arides, mon imagination se refroidit, mon cœur se serre. Ils me font peut-être revenir d'une erreur, mais ils m'ôtent un plaisir, ils m'arrachent brusquement à de douces chimères pour me rendre à des peines réelles... Ah! laissez-moi rêver toujours : si l'existence n'est qu'un songe, qu'au moins ce songe soit agréable; et que le réveil vienne, le plus tard possible, et sans que j'aie pu le désirer, le craindre ou le prévoir.

LETTRE XXXVII.

Villa de Quintilius Varus; celle de Cinthie.— Vue générale
de Tivoli, des Cascatelles, et de la plaine de Rome, au
soleil couchant.

De la modeste maison d'Horace, passons à la
fastueuse demeure de Quintilius Varus, située
en face de celle de Mécène, avec lequel il semble
avoir voulu rivaliser de magnificence.

Après avoir suivi pendant un mille le chemin
le plus pittoresque, on arrive à l'église de Quintigliolo. Elle contient une image miraculeuse de
la Vierge qui, tous les ans, est transportée pro-
cessionnellement et en grande pompe dans la
cathédrale de Tivoli. Exposée pendant trois
mois à la vénération des Tiburtins et à l'empressement pieux d'une foule de pèlerins qui viennent
de très-loin lui demander des grâces et des mi-
racles, cette image est ensuite rapportée avec
les mêmes cérémonies dans sa demeure habituelle, où elle repose solitaire pendant le reste
de l'année.

La *villa* de Quintilius Varus couronnoit ce
coteau au pied duquel coule le Teverone. Plus

haut, nous avons vu ce fleuve se briser sur les écueils qui hérissent son lit; arrivé là, il s'étend en plusieurs branches sinueuses, mais paisibles, et qui réfléchissent les arbres plantés sur ses bords. A l'autre rive, et en face du midi, l'on découvre les vastes constructions du palais de Mécène : les eaux qui l'embellissoient s'égarent maintenant sous ses ruines, se font jour à travers les crevasses de ses murs qu'elles détruisent.

D'anciennes fortifications, des tours créne-lées qui rivalisent en hauteur avec les *campanille* des temples chrétiens, et les autres édifices de Tivoli, sont disposés avec une sorte de symétrie pittoresque au sommet d'un vaste plateau dont les pentes, quoiqu'escarpées, sont couvertes d'une abondante végétation. Sur tous les points où l'industrie a pu transporter quelques pouces de terre, on voit croître des arbres fruitiers et des vignes; les rochers à pic sont même revêtus de mousses et d'herbes touf-fues dont la verdure est entretenue par le brouil-lard humide qui les entoure sans cesse. Les eaux ruissèlent en effet de tous côtés avec plus ou moins d'abondance; et ce sont autant de déri-vations du fleuve qui servent aux diverses usines où l'on fabrique le cuivre, le fer, le papier, la poudre, et aux moulins destinés à extraire l'huile ou à broyer les grains. Après s'être prêtées à d'utiles usages, elles s'échappent du milieu des maisons et des arbres, embellissent la contrée par l'effet de leurs chutes multipliées, et produisent enfin ces délicieuses Cascatelles qui font l'admiration des voyageurs et le désespoir des paysagistes. Ici elles glissent sur le rocher en filets argentés; là elles s'en détachent en lames transparentes; ailleurs, tourmentées dans leur lit raboteux, elles offrent l'image d'une mousse neigeuse. Mais comment peindre la première des Cascatelles si abondante et si pittoresque à la fois? Que l'on se figure un fleuve entier qui, s'élançant par plusieurs ouvertures, se réunit sur un plan intermédiaire, d'où il se précipite en une seule gerbe formée de jets à flots inégaux et pressés qui se confondent et se réduisent, avant d'atteindre la profondeur de la vallée, en une poussière étincelante; on la voit se briser encore sur des rocs pyramidaux, ressemblans par leurs couleurs à d'énormes morceaux de malachite. Là, ces vapeurs, frappées d'une soudaine métamorphose, se convertissent de nouveau en nappes liquides, qui bondissent à travers les bancs de roche, les franchissent, et, après avoir surmonté tous les obstacles qui s'opposent à leur course vers un lieu moins inégal, reprennent enfin leur niveau, leur transparence et leur première tranquillité.

Ce spectacle, dont l'effet, la couleur et même la forme varient à chaque instant, mille fois contemplé, paroîtra toujours nouveau : il suffit d'un léger obstacle, d'une crue subite, d'un coup de vent, pour ralentir ou accélérer la chute des eaux et leur donner un nouvel aspect. Qu'on fasse quelques pas à droite ou à gauche, les mêmes objets, combinés d'une autre manière, produisent un tableau différent. On a été d'abord frappé d'un point de vue ; néanmoins on cherche encore, on croit trouver mieux, on hésite, on revient sur ses pas ; des heures entières se passent dans cette indécision : l'on finit par tout admirer, sans occuper ses timides crayons ; mais on n'a pas perdu son temps.

Un seigneur anglais, jaloux de laisser un témoignage de son goût pour les arts, acheta un groupe d'arbres qui déroboient l'un des plus magnifiques tableaux des Cascatelles : il les fit abattre ; et il ouvrit, par ce moyen, un nouveau champ à l'admiration des paysagistes. J'acquitte la dette de leur reconnoissance en citant le nom de ce généreux amateur, milord Bristol (1).

Celui de Quintilius Varus, qui retentit dans

---

(1) Ce fut en 1791, et à la prière de l'habile paysagiste M. Denis, que milord Bristol fit abattre ces arbres pour faciliter au peintre l'exécution d'un tableau des Cascatelles, qu'il lui avoit demandé.

ces lieux dont il étoit le possesseur, est le sujet d'une discussion historique. Est-ce Quintilius de Cremone, ami d'Horace, et auquel il apprend l'art de planter la vigne dans le sol pierreux de Tivoli ? ou plutôt, cet autre Varus, capitaine et parent d'Auguste, qui étoit aussi poëte et ami de Virgile et d'Horace ? Ayant obtenu la préture de la Syrie, Varus y entra pauvre, en revint très-opulent ; et c'est sans doute de cette province qu'il tira les riches matériaux et les marbres précieux destinés à l'ornement de sa *villa*. Nommé ensuite consul, la fortune le trahit dans son expédition de Germanie où il commandoit l'armée romaine ; s'étant enfoncé dans d'épaisses forêts avec trois légions qui y furent taillées en pièces, il se tua lui-même pour ne pas tomber au pouvoir des vainqueurs et survivre à sa honte. La tête de Varus fut portée à Rome et placée dans le tombeau de ses ancêtres par Auguste qui lui donna des larmes qu'il n'avoit pas méritées.

On juge, par les ruines qui portent encore le nom de cette maison de plaisance, qu'elle rivalisoit de magnificence avec celle de Mécène. On peut encore y reconnoître sa distribution en plusieurs terrasses ou degrés, et à trois faces. Elle contenoit dans son enceinte des citernes, des fontaines, des viviers. Un aqueduc qui se prolongeoit jusqu'à l'habitation d'Horace, et dont on distingue les vestiges, y conduisoit les eaux de l'Anio ; celles, plus pures encore, de la fontaine de San-Angelo *in picvola*, située au-dessus du bois de Tibur, et auprès de la maison de Catulle, y étoient portées par des conduits qui aboutissent à un vaste réservoir dont la voûte est soutenue par vingt-quatre pieds-droits. Enfin, les descriptions de Zappi, del Re et de Kircher, qui ont vu cette *villa* moins ruinée qu'elle ne l'est à présent, la représentent comme magnifique. On y découvroit presque partout des pavés en mosaïque d'un si bon goût, que le cardinal Ascanio Sforza en fit transporter plusieurs à Rome. On y déterra des médailles d'argent des familles consulaires, ainsi que des colonnes, des chapiteaux, des statues et des termes de dieux et de philosophes. La perfection du travail annonçoit que tous ces ouvrages avoient été exécutés dans le siècle d'Auguste.

Il paroîtroit cependant que les constructions n'avoient pas été entièrement terminées, puisqu'on trouva une grande quantité de pierres qui n'avoient pas été taillées, et qui ressembloient à une espèce de brèche ou *poudingue* factice ; dont quelques unes paroissoient composées de rubis, de topazes, de jaspe et d'émeraudes ; d'autres étoient veinées d'or et d'argent : toutes se travailloient facilement, acquéroient un beau poli, et jetoient alors autant d'éclat que des pierres précieuses. N'offrant d'abord qu'un bloc informe, on les avoit long-temps méprisées ; jusqu'à ce que le cardinal Montino, exilé à Tivoli par le pape Pie V, ayant reconnu le prix de ces pierres, en envoya plusieurs charges à Rome. On en fabriqua de petites tables, et d'autres ouvrages qui font l'ornement des cabinets, où cette matière est connue sous le nom de brèche de Tivoli, qui malheureusement n'en fournit plus.

Je ne parlerai pas d'une quantité d'autres maisons de plaisance qui se trouvoient dans le même canton, et dont il est plus ou moins facile de reconnoître la place : nous laisserons de côté celles de Lépide, de Cocceïus, de Ventidius Bassus, de Marcus Lollius. Mais nous ne foulerons pas le sol de la *villa* de Cinthie, de cette belle Cinthie, si célèbre par les vers passionnés de Properce, sans nous y arrêter un moment.

D'après la description qu'en fait le poëte, on peut supposer qu'elle étoit située sur le penchant de la montagne de Quintigliolo, non loin du fleuve, et en face du palais de Mécène. On y remarquoit les restes d'anciens édifices ; et, en 1778, on y trouva plusieurs petites statues, et un beau pavé en mosaïque. Ces ruines étoient beaucoup trop éloignées de la *villa* de Varus, pour qu'elles en eussent fait partie. Les savans y reconnurent la retraite de Cinthie. Elle y habitoit lorsqu'elle donna l'ordre à son amant de se mettre en route à quelqu'heure que lui parvînt sa missive, tant elle doutoit peu de sa prompte obéissance. L'amoureux Properce reçut la lettre à minuit : surpris, hésitant si à pareille heure il courroit les risques du voyage, il n'en obéit pas moins ; préférant, dit-il (1), l'horrible aspect d'une nuit obscure, à celui du visage irrité de sa maîtresse.

L'inscription que le poëte inconsolable traça sur le tombeau qu'il lui fit ériger (2), offre quelques traits qui caractérisent le site de la maison et du monument de Cinthie. De ce lieu on pouvoit découvrir les deux tours antiques qui appartenoient au temple d'Hercule ; et l'on aperçoit le clocher de la cathédrale, qui a été bâti, dit-on, sur les fondations de l'une de ces tours. Enfin, le tombeau même existe encore : c'est une masse carrée située sur le bord du fleuve, en face des constructions de la Poudrière. Un autre monument funéraire, plus voisin du pont *dell' Acquoria*, et dans le même alignement, prouve que la voie antique, qui n'est plus qu'un sentier, passoit beaucoup au-dessous du chemin moderne.

---

(1) *Nox media*, etc., Eleg. XIV, liv. III.

(2) *Pelle hederam tumulo*, etc., Eleg. VII, liv. IV.

Comme on rencontre à chaque pas, aux environs de Rome, les ruines de maisons de plaisance de ses anciens habitans, il ne sera pas hors de propos de dire un mot de la disposition la plus ordinaire de ces constructions, pour aider à les reconnoître. Voici au moins l'idée que je m'en suis formée. En exceptant la *villa* Adrienne, qui n'est qu'une immense agrégation de monumens divers dont le plan général est sans régularité ni symétrie, toutes les autres *ville* me paroissent avoir été disposées sur un plan régulier, qui varioit en raison de la nature du terrain, et selon qu'elles étoient construites sur la pente d'une montagne, ou à son sommet, ou dans la plaine.

Dans le premier cas, on disposoit l'habitation et les jardins sur deux ou trois esplanades parallèles, en forme de gradins, et soutenues par de fortes substructions. Sur la terrasse la plus élevée on construisoit le *prætorium*, pavillon principal divisé en appartemens d'été et d'hiver, et entouré de portiques et de colonnades. Chaque appartement contenoit une chambre à coucher, une salle à manger, un cabinet de bains et des promenoirs. Ce corps-de-logis étoit souvent dominé par une sorte de tour carrée qui paroissoit ne servir que de belvédère, et où l'on renfermoit peut-être la bibliothèque et les objets d'art précieux, comme dans nos galeries. Dans la *villa* de Ventidius Bassus, cette tour avoit soixante pas sur chacune de ses faces ; et celle du palais de Mécène est encore plus vaste. On en infère qu'elles devoient être dans la forme des *septizones*, c'est-à-dire, à plusieurs étages en retraite.

Les édifices rustiques qui formoient l'habitation des fermiers, et qui servoient aux usages de l'agriculture, étoient distribués sur les côtés des terrasses inférieures, ou à l'extrémité des jardins.

Ces *villæ*, appuyées sur le penchant d'une colline, n'avoient qu'une seule façade et une exposition ; tandis que celles qu'on érigeoit à la sommité des coteaux jouissoient d'une vue plus variée. Les esplanades, ou terrasses, au lieu d'être parallèles, étant concentriques, formoient comme autant de parallélogrammes placés les uns au-dessus des autres, et dont la base étoit moins étendue à mesure qu'ils s'élevoient.

Enfin, quoiqu'on ne soit pas à même de connoître la forme précise des *villæ* situées dans les plaines, parce qu'il en reste moins de vestiges, cependant les fouilles qu'on a faites en divers lieux font supposer qu'on bâtissoit des murs peu élevés, très-rapprochés entre eux, et sur lesquels on faisoit reposer des voûtes, qui servoient comme de fausses substructions, sur

CASCATELLES.

lesquelles on élevoit les appartemens et les portiques. Au moyen de cet exhaussement factice, on pouvoit se procurer de la vue et de la fraîcheur, et jouir de tous les agrémens des autres maisons bâties dans une situation plus avantageuse.

Riche de la moisson pittoresque recueillie sur les hauteurs de *Quintigliolo*, j'ai cependant suivi le chemin le plus long pour retourner à la ville. Je voulois revoir le site de la maison d'Horace : je n'ai pas eu lieu de m'en repentir. Pendant que je me reposois sur la terrasse du couvent, et par l'effet de l'une de ces variations subites de l'atmosphère, qui sont si communes dans cette saison, les grandes Cascatelles m'ont offert un spectacle d'une rare magnificence. Où trouverai-je des couleurs nouvelles pour le rendre ? N'importe, essayons... (*Pl. XXVII.*)

Un voile grisâtre s'est élevé de la mer, et, s'épaississant peu à peu, il a couvert la plaine de Rome d'une teinte plombée. Les premiers plans de mon tableau se détachent sur ce fond triste et menaçant. Le soleil, à son déclin, semble vouloir se dégager des nuages qui l'offusquent ; ses rayons viennent frapper sur la cascade, et s'y concentrent en un foyer lumineux ; les eaux étincellent comme l'or en fusion, et leur humide bruine emprunte toutes les couleurs de l'iris.

Les sombres rochers qui encadrent cette brillante scène en font mieux ressortir l'éclat. Des colonnes de fumée qui s'échappent des maisons de la ville, jointes aux vapeurs du soir, enveloppent déjà les hauteurs; l'astre s'abaisse vers l'horizon, et ses mourans rayons ne s'arrêtent plus qu'au sommet des hauts édifices qu'ils colorent d'une lueur rougeâtre : elle disparoît à son tour; les nuages ont envahi le ciel, la contrée s'obscurcit, tous les objets se noyent dans la vague demi-teinte du crépuscule. Enfin le charme cesse; et je me hâte de quitter ces lieux, en cherchant à classer dans ma mémoire les traits les plus frappans de cet admirable tableau.

Il étoit nuit close lorsque je suis arrivé chez *Sor Checco*. Très-inquiet, me croyant englouti dans le trou d'Enfer, c'est ainsi qu'il nomme l'effroyable caverne où l'*Anio* disparoît, il m'a grondé long-temps avec un intérêt véritablement paternel. De plus, j'étois cause que les renommés *palombe* de Tivoli s'étoient desséchés à la broche, que la tourte aux fruits étoit brûlée, et que le vin, depuis long-temps tiré de la jarre, n'étoit plus frais... Tout me parut excellent.... J'avois vu la maison d'Horace et les Cascatelles.

LETTRE XXXVIII.

Dessins et caricatures. — Substructions du temple de Vesta. — Conjectures sur le temple de la Sibylle.

Tivoli.

Le mauvais temps me ramène et m'arrête à Tivoli. Heureusement que la maison que j'habite est dans une situation extrêmement pittoresque, et qui me fournit, sans sortir, de nombreux points de vue. J'ai aussi une autre ressource.

On sait que, dans les auberges, les murailles des appartemens sont couvertes de sentences, de vers et de dessins, fruits de l'oisiveté des passans ; et depuis François Ier, qui, dans un cabinet du château de Chambord, écrivit avec un diamant, sur un carreau de vitre, ces deux vers peu flatteurs pour le sexe :

> Souvent femme varie ;
> Mal habile qui s'y fie (1) :

____

(1) Ils n'ont guère d'autre mérite que d'offrir la traduction du *Varium et mutabile semper femina*, de Virgile.

il n'est pas de voyageur qui, à son exemple, n'ait tracé quelques réflexions exprimant son humeur, sa gaîté ou son esprit satirique.

Ici, les artistes ont écrit à leur manière sur tous les murs. Et c'est un divertissement pour moi de passer en revue les dessins et les caricatures qui tapissent toutes les chambres simplement blanchies à la chaux. En Italie, on fait peu d'usage de nos papiers peints (1); et l'on doit juger que ces belles pages blanches doivent tenter le hardi crayon des peintres. Aussi s'empressent-ils d'y laisser une trace de leur passage, de leur talent et de leur esprit; et, pour honorer des noms devenus célèbres par la suite, on a soin, en recrépissant le mur, de respecter quelques unes de ces productions, qui semblent être autant de tableaux faits exprès pour orner le local.

Telle est une peinture en grisaille, déjà très-ancienne, et qui a toujours été conservée. Elle sert de dessus de porte à une chambre; et ces vers de Voltaire :

> La Renommée a toujours deux trompettes :
> L'une à sa bouche, appliquée à propos,
> Va célébrant les exploits des héros;
> L'autre........................

-----

(1) Cela est d'autant plus étonnant, que c'est des Italiens que nous avons emprunté l'art d'imprimer les papiers au moyen de plusieurs planches de bois, gravées en relief.

ont fourni le motif du tableau. On voit, au milieu de sa composition, la déesse aux cent voix embouchant les deux trompettes. A ses côtés, mais plus bas, sont des satyres : l'un, assourdi par le bruit, se ferme les oreilles avec les deux mains ; l'autre est affecté pour le moins aussi désagréablement.

Ailleurs, on voit les portraits, aussi grands que nature, de nos meilleurs artistes des deux sexes qui se trouvoient à Rome, il y a peu d'années. Quelques uns sont exécutés en *charge ;* d'autres avec plus d'exactitude et de soin. Ces charges, que les peintres tracent avec autant d'esprit que de facilité, consistent en simples traits qui rendent l'habitude du corps et les défauts de la physionomie, d'autant plus ressemblans qu'ils sont plus outrés et plus ridicules.

Mais ce sont les artistes anglais qui ont élevé l'art de la caricature au plus haut point de perfection. Un dessinateur de cette nation a nouvellement garni toute la longueur d'une galerie, en y représentant la poste aux ânes de Tivoli, c'est-à-dire, toutes les circonstances et les accidens du voyage d'ici à la *villa Adriana.* Une partie du sel de cette plaisante caricature étoit perdue pour moi, puisque je ne connoissois pas les personnages des deux sexes dont les caractères, d'une grande variété, étoient aussi fort bien exprimés. Mais, indépendamment de ce mérite, il y avoit celui de la parfaite représentation du coursier à longues oreilles, dans toutes les positions qui pouvoient prêter au ridicule, ainsi que de tous les accidens risibles qui ont lieu dans ces sortes de parties, surtout lorsqu'il y a un grand nombre d'acteurs.

A cette occasion, *Sor Checco* veut me montrer ses écuries, et elles en valent la peine. Il a fait servir à cet usage les vastes substructions qui soutiennent le temple de Vesta et la terrasse qui l'entoure. Elles consistent en deux rangs d'arcades construites en avant de grottes naturelles creusées dans le massif du rocher : l'une de ces grottes est à peu près ronde, et de vingt-cinq pieds de diamètre; l'autre est irrégulière, et beaucoup plus petite. Toutes deux se prolongent par trois issues également espacées, en autant de galeries de huit pieds de large sur vingt de long, qui sont voûtées en berceau, et terminées par des ouvertures semi-circulaires, à travers lesquelles on aperçoit la grande cascade et une partie de la ville.

Ces grottes et ces galeries étoient autrefois remplies d'un grand volume d'eau qui arrivoit par cinq ouvertures pratiquées dans le rocher, s'élevoit jusqu'à la hauteur d'un *nuricciuolo* ou mur d'appui, et, trouvant une issue par les trois

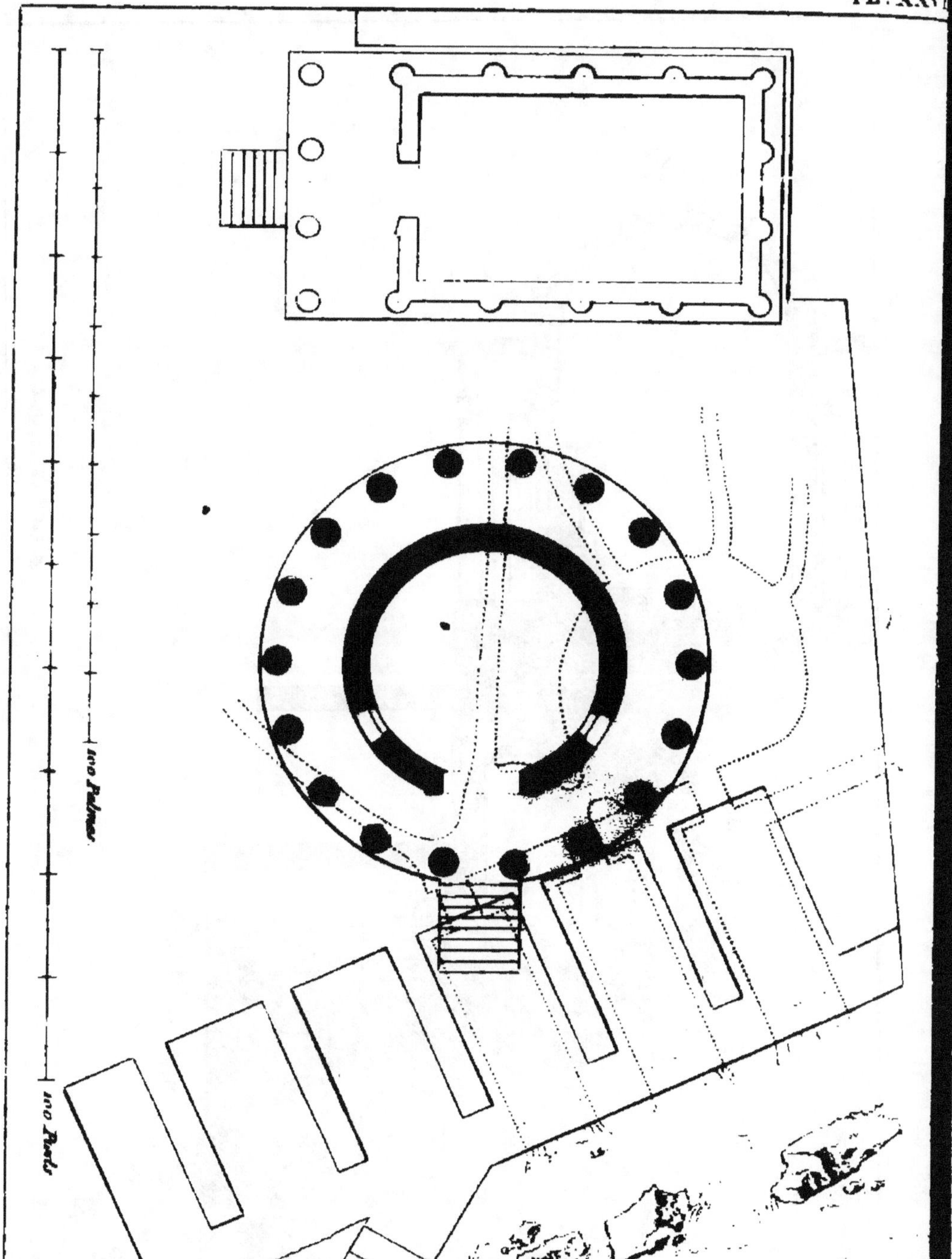

TEMPLES DE VESTA ET DE LA SIBYLLE. (Plan)

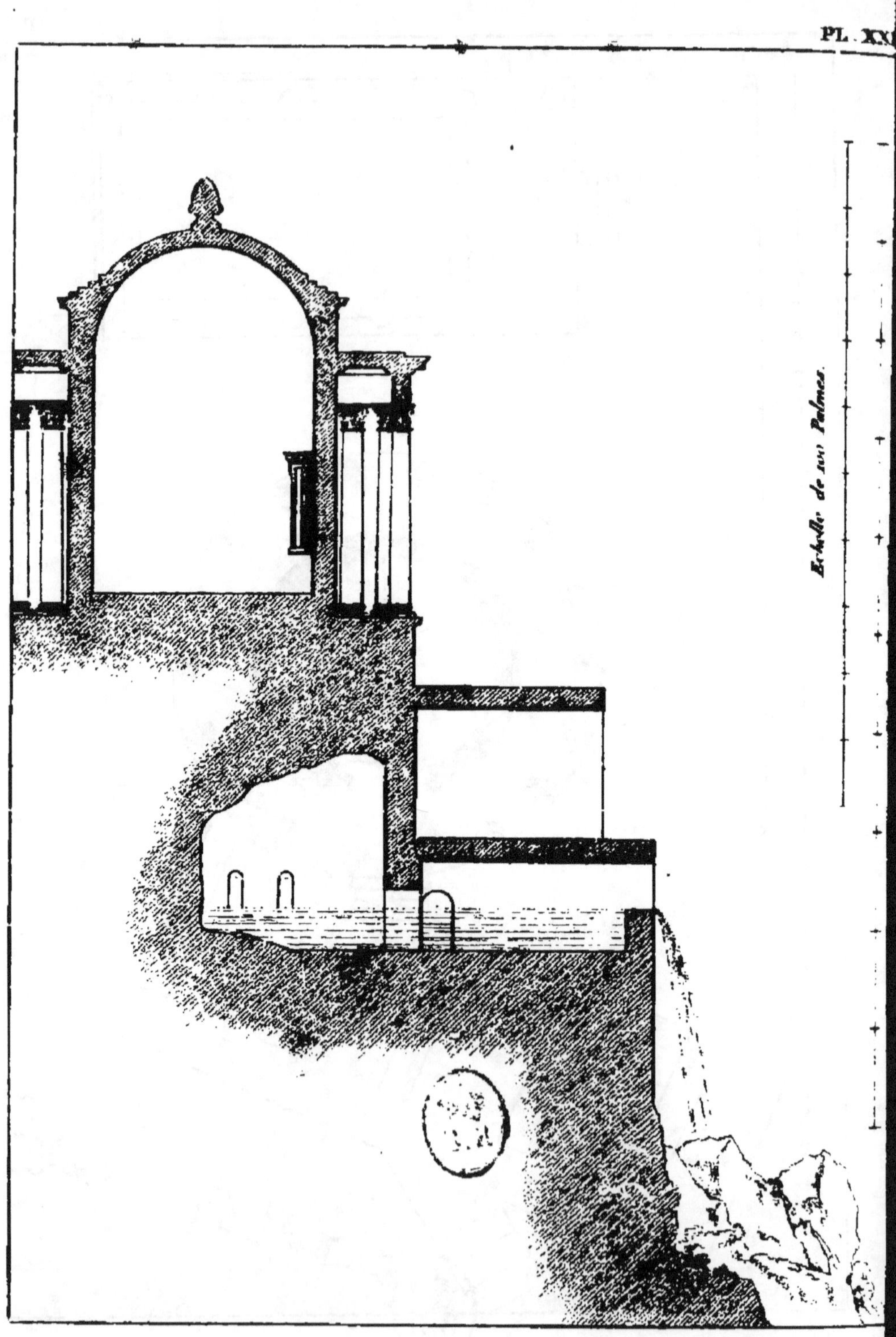

TEMPLE DE VESTA. (Coupe)

ouvertures, se précipitoit en cascade sur les rochers qui supportent la base de toutes ces constructions. On reconnoît le passage des eaux à la couche de sédiment qui tapisse les murailles, et qui forme un bourrelet fort épais sur le muricciuolo qu'elles étoient forcées de franchir. Les arcs, ainsi que les voûtes, sont formés par un double rang de briques; et le massif de toute la construction, ainsi que le mur circulaire du temple, est en *opus incertum* qui a été revêtu de stuc. (*Planches XXVIII et XXIX.*)

Rentrons dans les grottes. La plus grande offre, à la partie opposée des galeries, trois ouvertures qui se trouvent élevées à la même hauteur que le mur d'appui; l'autre grotte en offre deux. Ces canaux, qui ont deux pieds de largeur, et qui sont tracés sur le plan (1), dans la direction qu'il a été possible de suivre, paroissent tendre vers le temple de la Sibylle, c'est-à-dire, à l'opposite du cours actuel du fleuve, et même

____

(1) Dans le plan, les lignes ponctuées indiquent toutes les parties qui appartiennent à la substruction inférieure.

Je dois les plans, coupes et élévations de ce monument à M. Huyot, pensionnaire de l'Académie de Rome, et qui, le premier, a relevé, en 1811, ces détails curieux. Cet artiste est connu par les études savantes et les restaurations ingénieuses qu'il a faites d'une foule de monumens antiques, et dont l'Académie des Beaux-Arts de l'Institut a reconnu le mérite et l'utilité dans ses rapports annuels. M. Huyot parcourt maintenant la Grèce, pour y compléter les matériaux d'un important ouvrage sur l'architecture.

vers le vide ou l'escarpement du rocher. Comment expliquer le cours de ces eaux, trop abondantes pour sortir d'une source, dans une direction opposée à celle qu'elles suivent à cette heure ; si ce n'est en supposant, comme je l'ai avancé dans ma description de la *villa* de Vopiscus, que la grande cascade actuelle n'existoit pas, et que le cours du fleuve étoit interrompu ou divisé dans plusieurs canaux soutenus sur la pente des escarpemens, jusque vers le *Ponte-Lupo ?*

Au reste, le volume d'eau qui s'échappoit des substructions du temple de Vesta, de celles de l'hôpital de Sainte-Marie, et du canal de la Poudrière, équivaloit à celui de la grande cascade actuelle. Et qu'on ne croie pas qu'il fut bien difficile de forcer le fleuve à prendre des chemins détournés et contraires à la pente naturelle du terrain. Cela arrive encore fréquemment, lorsqu'on veut raccommoder le mur bâti par Sixte-Quint, et qui soutient le niveau de l'Anio à la hauteur nécessaire pour qu'il alimente les aqueducs des usines de la ville. Un simple barrage suffit alors pour le forcer de refluer en totalité dans ces divers canaux : la grotte de Neptune se trouve dépouillée de tout son prestige, et on peut en parcourir à pied sec toutes les excavations et les plus secrètes issues.

Les substructions dont je viens de parler, construites en avant et au niveau des grottes, sont surmontées par un rang de six arcades et autant de galeries plus élevées que les premières, et n'ayant pour objet que de soutenir la terrasse qui règne autour du temple. On a formé sur cette terrasse un joli berceau de vigne.

Les eaux qui bouillonnoient au-dessous du monument, et qui s'échappoient en cascades autour de sa base, ont fourni à Horace l'expression pittoresque de *Domus Albuneæ resonantis*, qui rend en effet le murmure ou le retentissement continuel des eaux. On pourroit en inférer que le temple circulaire, bâti sur la grotte, étoit réellement celui de la Sibylle ; ces expressions, ajoutées aux raisonnemens que nous avons déjà faits, pourroient en autoriser l'application à l'autre temple construit sur le même soubassement, et sous lequel les mêmes eaux pouvoient murmurer.

Les temples anciens, bien que construits en marbre, soutenus par des colonnes et chargés de sculpture, ne conservoient pas moins dans tous leurs membres d'architecture les élémens de la charpente qui constituoient la cabane primitive (1). On pourroit donc penser qu'Horace,

---

(1) Voir Vitruve, traduction de Galiani ; et Dagincourt, Hist. de l'Art, partie de l'Architecture, etc.

dont tous les termes sont si justes et si expressifs, en se servant du mot *domus*, employé par les poëtes à l'occasion d'un temple considéré comme la demeure de la divinité, n'a pas eu l'intention de désigner un temple circulaire, qui n'a aucun rapport avec une maison, mais plutôt celui qui est voisin, et qui a moins l'air du sanctuaire d'un dieu, que d'une simple habitation, puisqu'il n'est pas entouré d'un péristyle à jour, mais de colonnes engagées dans les murs.

Au reste, ce dernier monument, qui a été restauré, et dont on a fait une église paroissiale sous l'invocation de saint Georges martyr, a été considéré par les plus célèbres architectes comme le temple de la sibylle Albunée ou Tiburtine (1). Elle étoit même représentée dans un bas-relief, avec un costume romain, et rendant ses oracles aux étrangers. On y voyoit aussi la figure du fleuve Anio, appuyé sur un vase renversé et d'où il sortoit de l'eau. Ce monument précieux existeroit sans doute, si les parens d'un curé de cette église ne l'avoient brisé, en s'imaginant trouver dessous quelque trésor ; mais ils n'y découvrirent tout au plus que les cendres de la Sibylle.

Quelques critiques nient cependant qu'il ait jamais existé ni sibylles ni livres sibyllins ;

____

(1) Serlio le donna dans son livre d'Architecture, liv. III.

mais cette opinion se trouve démentie par les ouvrages des premiers Pères de l'Eglise, qui ont opposé aux païens ces livres si célèbres ; et par tous les auteurs anciens, qui parlent dans le plus grand détail des sibylles et de leurs oracles. Celle-ci étoit la dixième(1) ; elle vivoit, non dans le siècle d'Auguste, comme on l'a prétendu, mais sous Tarquin-le-Superbe. Les expressions de Varron conviennent d'autant mieux au site de ce temple, plus voisin que l'autre de l'ancienne chute de l'Anio dans laquelle le simulacre de la Sibylle seroit tombé, que l'on distingue encore, du côté de l'escarpement, une portion de mur qui a été visiblement ruinée et restaurée depuis.

L'objet de cet ouvrage n'étant pas de décrire tous les monumens antiques, excepté ceux qui, par leur singularité ou la beauté de leur aspect, sont du domaine du peintre de paysage, je ne parlerai ni des ruines du *forum* d'Hercule, qu'on croit avoir existé entre l'église de Saint-Paul et le séminaire, ni des temples de Junon et de Diane, ni même de celui d'Hercule, bien plus fameux,

____

(1) Suivant Lactance, *lib. I*, c. VI, ou plutôt Varron : *Decimam Tiburtem, nomine Albuncam, quæ Tiburi colitur ut dea, juxta ripas Anionis, cujus in gurgite simulacrum ejus inventum esse dicitur tenens in manu librum, cujus sacra senatus in Capitolium transtulerit.*

qui fit donner à la ville le nom d'Herculéenne, et dont la magnificence étoit telle que Juvénal(1), voulant donner une idée du luxe de la *villa* de Centronius, dit qu'elle surpassoit en beauté le temple de la Fortune à Preneste, et celui d'Hercule à Tibur.

Il existoit aussi dans cette ville, des thermes, des monumens sépulcraux et des catacombes ou grottes souterraines, qui servirent de retraite à sainte Sinforosa et à ses sept enfans, qui furent martyrisés sous le règne d'Adrien. Tivoli possédoit enfin un amphithéâtre dont les pierres ont servi à la construction de la forteresse.

Mais la pluie cesse, et le ciel, qui est étoilé, me promet une belle journée pour demain; j'en profiterai pour faire mon voyage à la villa Adrienne.

---

(1) Juvénal, 14e Satire.

LETTRE XXXIX.

Villa d'Est. — Temple de la Toux. — Entrée de la villa
Adriana.

Au point du jour, je me suis mis en route avec
l'un des jeunes fils de mon hôte, qui me servoit
de guide. En sortant de la ville par la porte *del
Colle*, et à une distance de cent pas, il faut
s'arrêter sur les bords du chemin pour jouir
d'un aspect très-pittoresque, et que je recom-
mande aux artistes. La porte en forme de tour,
une fontaine et un abreuvoir qui sont auprès,
les murailles crénelées qui suivent la pente de
la colline, et au-dessus desquelles s'élève ma-
jestueusement la célèbre *villa Estiense*, entourée
de ses bois de lauriers et de ses immenses cyprès,
dont la verdure noirâtre forme une opposition
tranchante avec le ton gris argenté des oliviers
qui tapissent le coteau situé à l'extérieur des
murs, tous ces objets réunis, et dont les lignes
se balancent, ou contrastent les unes avec les
autres, forment un tableau tout composé et du
plus haut style.

J'étois tenté de m'arrêter pour en faire le dessin (1); mais mon conducteur, impatient, agite une branche verte qu'il vient de cueillir : ma monture reprend le petit trot, m'entraîne sur l'extrême bord d'un sentier qui serpente à travers les oliviers, qu'elle choisit de préférence, et où elle court d'un pas ferme, égal et léger.

Nous laissons à droite le temple de la *Tosse* : les lierres et les plantes grimpantes qui s'entrelacent et le recouvrent de leur feuillage, dissimulent les formes de sa construction, et lui donnent l'aspect d'un berceau de verdure. Une colonne isolée et colossale m'indique la place de la maison de Mécène ; plus loin, quelques tours ; partout un agréable mélange de jardins, de maisons habitées, de ruines entremêlées de cyprès et de pins ; dans le fond, les pics élevés de Monticelli, de Montalbano et de San-Angelo in Capoccia, qui forment la limite de la Sabine et de la campagne de Rome, couronnent la plaine où l'Anio serpente paisiblement, et se repose, pour ainsi dire, des fatigues qu'il a éprouvées à travers le site escarpé de Tivoli.

Les Monticelli qu'on découvre de cette place, étoient nommés par les anciens les monts *Cor-*

***

(1) La Planche XXX n'offre qu'une portion de cette vue.

VILLA D'EST.

niculi (1) : il y existoit un bois et un temple consacrés à Diane, dont on croit reconnoître les ruines à Cavaletti, encore entourées d'un bois dépendant de l'abbaye de Grotta Ferrata. Cette déesse avoit un autre sanctuaire non loin de là dans le bois Ariccinus, et nommé l'Artemisius : ce dernier étoit célèbre par le concours des dames romaines. Le 13 août, elles partoient de la ville, s'acheminant à pied en procession, et des cierges à la main, pour satisfaire à quelque vœu (2). Pareille cérémonie a lieu encore ; et, vers la même époque, des pèlerins vont visiter la miraculeuse image de vierge dite *di Gallore*, à l'Ariccia. C'est dans les monts Corniculi qu'étoit le beau platane que Néron affectionnoit, et qu'il arrosoit lui-même avec du vin. Un autre de ces arbres avoit trente-cinq pieds de circonférence. Les anciens considéroient, avec raison, un vieux arbre comme un monument respectable, en avoient le plus grand soin, par reconnoissance des services que ses fruits ou son om-

---

(1) Une inscription de marbre, trouvée à Monticelli, porte :

SERVIO TVLLIO
EX CORNICVLO
ROMANORVM REGI
NVMINI MAJESTATIQVE EJVS
DEVOTVS
POPVLVS CORNICVLVS.

(2) Properce et Ovide en parlent.

brage avoient rendus aux générations successives.

Revenons au temple de la Toux, situé tout près de nous dans le jardin des chanoines de la cathédrale. Sa forme est ronde, et il est assez bien conservé; mais on ne sait trop à quelle divinité il étoit consacré, quoique la constante tradition populaire veuille qu'il soit celui de la déesse préservatrice des rhumes.

Il est vrai que les anciens étoient dans l'usage d'ériger des autels aux divinités malfaisantes, pour les empêcher de nuire, ou pour se préserver de leurs fâcheuses influences; et Cicéron nous apprend (1) qu'on en avoit consacré à la Fièvre. Pline (2) parle des temples de la mauvaise Fortune, de la Paresse, et même, je crois, de la Galle. Vitruve (3) veut que les temples de Vulcain et de Mars soient construits hors des villes, pour qu'ils en éloignent les incendies et les dissensions. Peut-être les habitans de Tibur suivirent-ils ce principe en érigeant le temple de la Toux hors de leurs murailles.

Il peut se faire aussi que cette dénomination vulgaire ait une tout autre étymologie. Fabretti rapporte (4) deux monumens où il est question

(1) M. Tullius : *De nat. Deor.*
(2) Pline, liv. II, c. VII.
(3) Vitruve, liv. I, c. VII.
(4) Fabretti, p. 651, nᵒˢ 441, 442.

de la famille Tossia. Or, si les déités sont quelquefois désignées conjointement au nom de certaines familles, comme Junon - *Claudia*, Fortune-*Flavia*, Pluton-*Nervianus*, ne pourroit-on pas avoir donné également le surnom de Tossia à quelque déesse ; par exemple Vénus, ou Cérès *Tossia* ou *Tossiana* ? Quoi qu'il en soit, ce temple avoit été, dit-on, converti anciennement en église, et dédié à la mère de Dieu.

En continuant notre route, nous marchons alternativement à travers des bois touffus sur de frais gazons, ou nous traversons à gué de petits ruisseaux, et nous gravissons des monticules tapissés de myrtes, de sauge et de romarin. Le soleil, qui frappe sur ces parties de terrains découvertes et incultes, les échauffe, rend plus vives les odeurs des plantes, et pompe avec la rosée leurs émanations balsamiques, qui s'élèvent, comme l'encens de la reconnoissance envers le bienfaiteur de la terre.

Ce spectacle riant et sublime m'avoit plongé dans une douce et contemplative rêverie, et je ne répondois que par monosyllabes aux questions de mon jeune guide. Aussi prit-il le parti de se distraire de son côté ; et, sans doute inspiré par le gazouillement des oiseaux, il se mit à répéter gaîment ces jolis airs, que le peuple chante comme la bonne compagnie, et dont la simplicité mélodieuse fait le charme. Il touchoit chez moi une corde sensible : mes idées prirent aussitôt un autre cours, et nous exécutâmes un petit concert vocal qui nous tint lieu de conversation, et qui nous plaisoit davantage à tous deux.

Quel est donc ce goût naturel qu'on ne retrouve guère qu'en Italie, et qui fait qu'un simple villageois, un enfant ne peut chanter qu'il ne soit aussitôt accompagné par ceux qui sont à portée de l'entendre? Ils continuent le même air en mariant leurs voix, non pas sur le même ton, mais en parties doubles, triples; c'est-à-dire en accompagnant le son fondamental, de sa tierce, de sa quinte ou de son octave. D'où leur vient ce tact, ce sentiment intime qui leur indique spontanément et d'inspiration tous les sons harmoniques, et qui leur fait répugner à l'emploi d'un ton faux? Ces paysans n'ont point appris les règles de la musique; ils ignorent les élémens les plus simples de la composition; et néanmoins ils trouvent des combinaisons qu'on pourroit croire savantes, et qui ne sont le résultat que d'une sorte d'instinct.

Sublime Pergolèze! tu avois fait une étude de ces accords naturels que le peuple te faisoit entendre, lorsque le soir, dans les carrefours, il chantoit les litanies ou les cantiques devant l'image de la Madone ; il étoit ton maître sans qu'il s'en doutât ; il mettoit ton génie sur la voie des plus hardies associations de notes ; et c'est en mariant, en perfectionnant ces motifs variés, que tu es parvenu à nous inspirer l'allégresse, à nous faire frémir d'horreur, ou à nous arracher de douces larmes.

Nous sommes arrivés sans fatigues et sans nous plaindre de la longueur de la route, à l'entrée de l'antique demeure d'un puissant empereur. Elle n'est plus annoncée par un magnifique arc triomphal et par une succession de portiques ; je ne vois qu'une simple porte en bois sans aucun ornement, et qui est appuyée sur deux pilastres revêtus de plâtre. Nous avons sonné à plusieurs reprises ; et, en attendant qu'on vînt nous ouvrir, j'ai jeté les yeux sur ces pilastres. Quelle a été ma joie, et par suite mon attendrissement, lorsque j'y ai reconnu les noms de mes amis et de mes maîtres, les uns nouvellement tracés, d'autres presque effacés par le temps !

Ces noms me semblent, au défaut de ceux qu'ils désignent, être là pour me faire en quelque sorte les honneurs de ces lieux. Tracés par mes compatriotes, ces caractères me reportent au milieu d'eux : je ne suis plus seul ; ils doivent m'accompagner partout dans ces ruines, m'en indiquer les beautés, me faire partager les sentimens qu'ils ont éprouvés eux-mêmes. Cette idée produisoit sur mon âme une impression si vive, qu'ayant retrouvé le nom de quelques uns d'entre eux qui n'existoient plus, mes yeux se sont remplis de larmes, et j'ai été affecté peut-être plus douloureusement que si j'avois vu leur tombeau. Car, ici, ce sont eux-mêmes, lorsqu'ils étoient pleins de vie, de santé, peut-être dans un moment de joie, qui ont tracé en quelque sorte leur propre épitaphe !

J'avois besoin d'être distrait. J'entre enfin dans la vaste enceinte de la villa Adrienne ; je fais quelques pas, et je suis bientôt environné par de monceaux de ruines ; elles m'accablent de leur immensité, de leur nombre et de leurs souvenirs. Il faut respirer un moment, remonter aux sources historiques, pour y puiser des lumières et y trouver la clef de tous ces monumens énigmatiques.

LETTRE XL.

Description de la villa Adrienne.

La fastueuse retraite d'Adrien, située à une lieue de Tibur, vers le sud-ouest, occupoit, sur trois mille pas de longueur, une chaîne de coteaux entourés d'une vallée tortueuse plus ou moins large, et de rochers qui en formoient la limite naturelle. Ce site étoit dominé vers le levant par de hautes montagnes couvertes alors d'épaisses forêts; et, du côté opposé, l'on découvroit les nombreux monumens parsemés dans la plaine de Rome; enfin, les sept collines de la Ville-Eternelle (1), couronnées d'obélisques et de temples, se découpoient sur l'horizon doré par les derniers feux du soleil.

Un coup d'œil plus rapproché faisoit apercevoir des édifices bâtis au sommet des collines, sur leur pente ou dans les fonds, tantôt à fleur

____

(1) Les anciens avoient coutume de nommer Rome la ville éternelle. Cette expression se voit gravée sur une médaille d'Adrien, du musée Tiepolo, sur une médaille d'Emilien (Eckel. Catal. n° 18), etc. Cependant ils citoient sept choses fatales à cette ville, c'est-à-dire auxquelles son salut et sa gloire étoient attachés. Voir, à ce sujet, la Dissert. de Franc. Cancellieri (1812).

de terre, ou bien soutenus par des terrasses, et quelquefois souterrains ; places entourées de portiques, gymnases, théâtres, cirques, stades, temples, bâtimens d'habitation entremêlés de jardins, de bocages, de pièces d'eau. Ce vaste terrain contenoit une telle quantité de monumens, qu'en dépit des outrages du temps et des hommes, on en comptoit encore, il y a un siècle, une centaine, tous variés d'exposition, de forme, de nom et d'usage, chacun ayant son entrée particulière et des chemins qui communiquoient de l'un à l'autre.

Les Romains s'étoient d'abord contentés de petites maisons des champs, consacrées aux usages de l'agriculture, et où ils venoient jouir paisiblement des beautés de la nature ; mais bientôt le luxe, se trouvant à l'étroit dans les maisons resserrées de la ville, vint étaler sa folle prodigalité dans les campagnes.

Salluste, Horace et Sénèque se plaignent avec raison de ce lustre ruineux des *ville* de leur temps. Adrien dépassa toutes les bornes, et mit à contribution le monde entier pour embellir sa *villa* Elienne ou Tiburtine. Selon Spartien, cet empereur voulut y réunir la copie des monumens les plus célèbres de l'empire romain qui l'avoient frappé dans ses voyages, tels que le Lycée, l'Académie, le Prytanée, le Pœcile d'Athènes ; le Canopé des Egyptiens ; le Tempé de Thessalie ; et l'on y retrouvoit jusqu'à l'image du royaume infernal et des Champs-Elyséens.

On ne peut révoquer en doute le récit des historiens, lorsqu'on voit les ruines de tous ces monumens. Quoique cent fois remuées et ne présentant plus guère d'intérêt que pour les architectes et les peintres, néanmoins l'espace immense qu'elles recouvrent, l'épaisseur, la solidité des murs, les objets précieux dont on foule à chaque pas les détrimens ; le nombre considérable de statues, de bas-reliefs, d'inscriptions et de marbres trouvés en ces lieux, et qu'on sait avoir été transportés à Rome, ou dispersés dans les musées, tout entretient et augmente l'idée qu'on se forme de la puissante magnificence du peuple roi.

Néanmoins l'étonnement que fait naître d'abord cet amas de merveilles, cesse lorsqu'on réfléchit que les empereurs pouvoient disposer d'une population innombrable. Esclaves de leurs volontés et de leurs caprices, cent mille hommes à la fois pouvoient être employés à ériger, dans l'espace de quelques années, ces monumens colossaux dont notre imagination est effrayée, et dont les trésors réunis des souverains de l'Europe ne payeroient qu'une foible portion.

Une réflexion pénible vient bientôt remplacer dans l'esprit ce premier mouvement de l'admiration. Ces établissemens si pompeux, si magnifiques, sont le prix de la sueur et du sang d'une infinité de malheureux ; ces richesses sont les dépouilles de la Grèce et de l'Asie !... Mais les prodigieux efforts d'une puissance tyrannique l'épuisent... En effet, il semble que l'impulsion rapide qu'Adrien communiqua aux arts, n'ait fait qu'accélérer leur chute. Si, à l'exemple de Périclès, il avoit accordé aux grands artistes de la considération et des honneurs, ils se seroient élevés en foule, et l'amour de la gloire en auroit perpétué la race. Il ne sema que des trésors ; et il vit croître parmi ses affranchis et ses complaisans, des artistes, d'un grand mérite, il est vrai, mais qui, étant moins soutenus par l'amour désintéressé de la gloire, que par l'espoir des récompenses, ne s'élevèrent, comme les guerriers sortis des dents du dragon de Cadmus, que pour s'entre-détruire eux-mêmes sans laisser de postérité.

Quoi qu'il en soit, ce n'est qu'avec regret qu'on voit disparoître journellement les derniers chefs-d'œuvre de l'art antique prêt à s'éteindre. Les objets précieux sont enlevés, les édifices croulent, et leurs débris sont dispersés sous le soc de la charrue, ou sous la pioche du vigneron. Dans l'impossibilité d'arracher d'antiques fondations, on les a recouvertes de terre ; et maintenant une végétation peu active, mais utile, rend désormais les fouilles presque impossibles.

Du temps de Pirro Ligorio, beaucoup de ces monumens étoient presque entiers ; d'autres laissoient voir la trace de leurs fondemens au-dessus du sol ; et le plan qu'il a donné de leur ensemble, s'il n'est pas entièrement exact, ne doit pas être rejeté légèrement. Piranesi en a exécuté plus tard un autre qui est fait en partie avec des matériaux très-précieux, et sur des dessins levés avec le plus grand soin par l'un de nos plus célèbres architectes français (1). Ce travail de Piranesi est chargé d'une foule de restaurations parfois ingénieuses, mais le plus souvent hasardées, et que l'imagination ardente de cet homme, auquel on ne peut refuser du

---

(1) M. Gondoin, auteur de notre plus parfait monument moderne, l'Ecole de chirurgie. Cet artiste, l'un des plus ardens propagateurs du bon goût en architecture, avoit tellement pris à cœur le travail de restauration de la villa Adrienne, qu'il fit un second voyage en Italie, avec l'intention d'acquérir la portion de terrain qui contient les plus belles de ces ruines. N'ayant pu s'accorder avec les propriétaires, il se livra avec assiduité à lever le plan et les élévations de ces constructions antiques, bien mieux conservées qu'elles ne le sont à présent. J'ai vu ces dessins originaux, chargés de cotes. Et, après la mort très-récente de cet artiste célèbre, on en a retrouvé une partie dans ses portefeuilles.

génie, lui faisoit concevoir aux dépens de la convenance et de la vérité. Ces écarts ont tellement brouillé les notions qu'on avoit sur la *villa* Adrienne, qu'il devient de plus en plus difficile de s'en former une idée exacte. On pourroit néanmoins, avec l'ensemble de tous les documens qu'on possède, faire un travail moins obscur, et par là plus satisfaisant; mais il demanderoit une étude aussi longue que pénible. Si j'en ai reconnu sur les lieux même l'importance et l'intérêt, j'en ai aussi apprécié l'extrême difficulté. Je ne décrirai donc pas ces édifices si variés et si multipliés. Je les passerai rapidement en revue; et je me bornerai à quelques considérations générales, et à un petit nombre de faits particuliers extraits du précieux manuscrit de Pirro Ligorio (1).

L'entrée principale de la *villa* étoit tournée vers le pont Lucano et la voie Tiburtine; une route, dont on voit encore les vestiges, y conduisoit. On croit reconnoître cette entrée dans

---

(1) Je tiens de M. Gondoin lui-même la copie de ce manuscrit, qui faisoit partie de la collection en trente volumes dont on peut voir la description dans le Catalogue des Manuscrits de la Bibliot. de Turin, vol. II, pag. 340. Le plan de la villa Adrienne, levé par Pirro Ligorio, a été gravé sur une très-grande échelle, et publié avec une description succincte, par Franc. Contini. La première édition étant devenue fort rare, on en a fait une seconde plus petite en 1751.

ENTRÉE ANTIQUE DE LA VILLA ADRIANA.

deux massifs de maçonnerie distans l'un de l'autre de 75 pieds, et qu'on rencontre sur les bords du chemin, avant d'arriver à l'enceinte moderne.

L'un de ces massifs subsiste presque en entier (*Planche XXXI*). C'est un socle carré, composé de grandes pierres bien appareillées; il a deux toises sur chacune de ses faces, sur six toises de hauteur, y compris son couronnement. La partie inférieure, qui formoit soubassement, étoit creuse et offroit une chambre de 8 $\frac{1}{2}$ pieds en carré. L'extérieur étoit revêtu, comme le haut, de tables de marbre, dont on voit la trace des scellemens dans la pierre. Ce soubassement supporte une base, ou piédestal dont les profils sont d'un très-bon goût, et ses faces étoient ornées de bas-reliefs dont on distingue encore des fragmens : celui qui est le mieux conservé, offre une figure d'homme nu qui tient un cheval par la bride.

Ce piédestal supportoit-il un groupe de figures, une statue équestre, ou un quadrige ? Cette dernière supposition n'est guère probable, le carré du plateau supérieur n'ayant pas neuf pieds de largeur. Des trophées dans le genre de ceux de Marius auroient terminé ce monument d'une manière plus convenable. Ou bien peut-être étoit-il surmonté par des trépieds où l'on allumoit des feux servant de fanaux pendant la nuit ?

Quoi qu'il en soit, ces monumens ont fourni au moderne et habile architecte de la *villa* Borghèse, le motif dont il s'est servi pour décorer la porte d'entrée de cette magnifique maison de plaisance. Mais continuons notre route vers celle de l'empereur Adrien.

En y entrant, l'objet le plus remarquable, et qui s'offre d'abord à la vue, est un mur très-élevé qui domine le Pœcile, double portique de près de 700 pieds de longueur, orné sans doute autrefois de peintures, comme celui d'Athènes, et appuyé de chaque côté sur ce mur, dont la direction est du levant au couchant : il est si élevé, qu'il procuroit de l'ombre à presque toutes les heures du jour. Ce mur se trouvoit entre deux places également entourées de portiques. Celle qui existoit du côté du midi conserve encore la forme d'un parallélogramme terminé à ses extrémités par des arcs très-aplatis. Au milieu de cette vaste cour on voyoit des murs bas formant l'enceinte d'un bassin, au dire de ceux qui ont défoncé ce terrain pour y planter de la vigne. La place tournée vers le nord est vague et entourée de murs irréguliers qui paroissent n'avoir été construits que pour soutenir la pente du terrain à la même hauteur.

C'est dans le Pœcile, et dans une salle qui

existe encore, qu'Adrien rassembloit les savans, les artistes et les philosophes ; et il se plaisoit à les entendre s'y entretenir, ou même y disputer, comme c'étoit l'usage à Athènes. On communiquoit d'une place à l'autre par des escaliers doubles, dont les paliers correspondoient à trois corridors situés l'un sur l'autre, et qui reposoient sur des consoles saillantes. Les portes des chambres s'ouvroient toutes sur ces corridors, sans aucune communication entre elles. On les nomme les *cento camarelle*; et on prétend qu'elles servoient d'habitation aux gardes prétoriennes.

La Bibliothèque n'étoit pas fort éloignée du Pœcile. Il n'en reste plus qu'un mur où l'on avoit pratiqué vingt-cinq niches pour des statues.

Sur un coteau voisin s'élevoit un magnifique théâtre. On y trouva les fragmens de quarante-huit statues; et l'on distingue encore les siéges en gradins, le *proscenium*, et d'autres parties en assez bon état. C'est même de tous les théâtres antiques, à l'exception de ceux de Pompeï et d'Herculanum, celui qui est le mieux conservé (1).

En tournant vers le midi, on rencontre les débris de portiques qui conduisoient aux Thermes, où l'on reconnoît les chambres qui ser-

____

(1) Il a été dessiné par Pannini, et gravé en trois feuilles.

voient d'étuves, celles où l'on se dépouilloit, etc.

On parvient ensuite à l'Académie, et au temple d'Apollon et des Muses qui étoit orné de colonnes de marbre de Paros. Tout auprès, dans un lieu où l'on renfermoit les bêtes féroces, on trouva, sous le pape Alexandre VI, les statues des neuf Muses que nous avons vues dans le Musée royal de Paris. Aux environs, tout le terrain est couvert des décombres des bâtimens de l'Académie, et d'habitations entremêlées de jardins et de fontaines, où l'on avoit conduit l'eau Marcia et celles de l'Anio.

De là partoit un portique qui menoit à la partie de la *villa* qu'on nomme le Lycée, lieu destiné aux études philosophiques, et où l'on trouva un groupe de Pan et de Syrinx.

Après avoir foulé les fondations d'un exèdre et de bains, l'on arrive au Canope, l'un des plus beaux ornemens de ces lieux. Dans cette partie, la vallée avoit été creusée sur une grande longueur, de manière à former une vaste naumachie où se faisoit la représentation de combats de mer. A l'une des extrémités on voit les ruines d'un temple en forme de coquille, et dédié à Neptune, appelé Canope par les Egyptiens. Aussi y a-t-on trouvé un cheval marin, attribut de ce dieu, et une grande quantité de figures de divinités égyptiennes qu'on transporta au Musée du Vatican, dans la salle dite Canope par cette raison.

En se dirigeant vers l'est, on trouve une autre vallée où les antiquaires croient qu'étoient situés les délicieux bocages du Tempé, les Champs-Elyséens, et l'entrée des lieux infernaux.

Mon opinion est que les excavations ornées de peintures et de sculptures, où l'on célébroit certains mystères effrayans pour ceux qui n'y étoient point initiés, que ces passages et salles souterraines, ne sont autre chose que les carrières dont on avoit tiré les immenses matériaux destinés à la construction des édifices de la *villa*. On y arrivoit par trois ouvertures qui, suivant Pirro Ligorio, indiquoient le chemin des trois parties du Monde, de l'Asie vers l'orient, de l'Afrique vers le couchant, et de l'Europe vers le nord. On parcouroit de longs corridors formant comme un labyrinthe, et qui aboutissoient tous à une immense caverne remplie d'eau, d'où s'élevoit le trône ou le tribunal des déités infernales.

D'après l'idée que les historiens nous donnent des dernières années d'Adrien, et de sa cruauté dont il y a maintes preuves, on seroit tenté de croire qu'il ne se borna pas à disposer le lieu de la scène, mais qu'il le peuploit d'acteurs ; et que, non content de la représentation des supplices, il les faisoit exercer sur de misérables chrétiens (1) qu'on y martyrisoit. Croyons néanmoins qu'Adrien, moins barbare que d'autres empereurs, se contentoit de représentations théâtrales dans le genre de nos mélodrames ; ou plutôt qu'il ne s'agissoit ici que des initiations et des mystères de l'Egypte où l'on se servoit de tous les prestiges de la moderne phantasmagorie, pour frapper l'imagination des initiés, exercer leur patience, et mettre à l'épreuve leur courage et leur discrétion, sorte de charlatanisme souvent renouvelé, et dont la physique expérimentale a fait disparoître tout le merveilleux.

Au reste, ce qu'on nomme l'entrée des enfers, n'est autre chose qu'un *crypto-porticus*, espèce de grotte taillée dans le rocher (*Pl. XXXII*), ornée de cailloutage et de stalactites, au fond de laquelle aboutit un aqueduc par où les eaux arrivoient et ruisseloient dans un bassin qui n'existe plus. Les entrées latérales ouvertes dans le rocher, et dont la décoration extérieure est entièrement détruite, conduisoient, par un corridor circulaire de 7 pieds de largeur, dans la salle qui précède la grotte, et dont l'entrée

______

(1) Les chrétiens éprouvèrent une persécution sous Adrien. On cite entr'autres le martyre de sainte Sinforosa et de ses sept enfans. (*Fr. Martii, Hist. di Tivoli.*)

CRYPTO - PORTICUS.

principale, de 18 pieds de largeur, est couronnée d'une voûte en berceau qui offre un arc surbaissé; mais les portes latérales sont plein cintre, ainsi que l'arcade du fond, sous laquelle les eaux formoient une cascade d'environ 6 pieds de hauteur.

Enfin, vers le midi et à l'extrémité de la *villa*, on reconnoît les restes du Prytanée. Il étoit composé de vastes bâtimens, où l'empereur avoit logé les soldats invalides, ses anciens compagnons d'armes. On y voyoit aussi des greniers, des celliers et autres magasins pour toutes sortes de provisions. C'est également dans les environs et au milieu de beaux jardins qu'on érigeoit des monumens funéraires aux personnes qui mouroient dans la *villa*; et l'on y a découvert une grande quantité d'*olla* cinéraires.

Au reste, ce lieu n'offre plus qu'un amas de ruines antiques et modernes confondues. On y avoit construit un château qui depuis a été brûlé et rasé, et une église érigée avec des matériaux précieux qui ont changé de forme en changeant d'usage. Car, il est fâcheux de le dire, les chrétiens ont fait ici presqu'autant de dégât que les barbares, en arrachant les marbres dont étoient revêtus ou pavés ces édifices, en enlevant les colonnes, et en mutilant les bas-reliefs et les statues. Ce n'est même plus qu'en fouillant au pied de ces monumens, qu'on peut juger des matières qui servoient à les orner ; car tout ce qui a pu être enlevé l'a été, et il ne reste plus que le noyau des constructions, qui est assez générale-ment formé de briques, ou de petites pierres réunies par un mastic ou mortier indestruc-tible.

Nous avons déjà dit que du temps de Pirro Ligorio, c'est-à-dire vers 1550, plusieurs édi-fices étoient encore sur pied. Il en cite un appelé la *Roue*, à cause de sa forme bizarre, et qui étoit de la plus rare magnificence. La frise, supportée par des colonnes de jaune antique, offroit de belles sculptures représentant les jeux de monstres marins avec des femmes et des enfans. On y voyoit aussi des chars traînés par toutes sortes d'animaux, tels que des taureaux, des chèvres, des chiens, des éléphans, des aigles, des cygnes, et jusqu'à des moineaux et des papillons : ils étoient conduits par de petits génies ailés, ingénieux emblème de la puissance de l'amour sur tous les êtres qu'il sait dompter, apprivoiser ou animer. Ces jolis bas-reliefs, qui donnèrent sans doute à Raphaël l'idée de com-positions du même genre, ont été transportés en divers lieux. Quelques uns servent d'orne-ment à la façade de maisons de Tivoli ; d'autres avoient été achetés par le cardinal de Ferrare,

et par le duc d'Albe qui en envoya en Espagne ;
enfin on en voit au jardin Farnèse dans le
Transtevere, et dans plusieurs cabinets.

Dans le temps que Pirro Ligorio levoit le
plan de la *villa*, on découvrit les fondations d'un
triclinium, salle à manger, qui furent ensuite
recouvertes pour planter de la vigne. Le plan
de cet édifice offroit un décagone ; les murs
étoient revêtus de marbres variés et par compartimens ; au lieu de colonnes, c'étoit des ca-
riatides trois fois grandes comme nature, et
qui placées aux angles de la salle en soutenoient
les corniches. L'une d'elles existoit encore :
ses vêtemens, de marbre noir, et travaillés avec
une grande délicatesse, imitoient des voiles
transparens ; les pieds et les bras étoient de
marbre rouge. Des mosaïques revêtissoient le
pavé et la voûte. Ces ornemens étoient rehaussés
des plus vives couleurs ; on y voyoit des mé-
daillons dont le fond étoit obscur, avec des
figures ou des animaux de couleur blanche, et
imitant les camées ; ailleurs, des méandres en
vert, jaune, rouge et azur, formoient les enca-
dremens. Pirro Ligorio parle autre part d'un
pavé en mosaïque, fond vert et azur, qui imitoit
un pré qu'on vient de tondre ; et d'un autre où
l'on voyoit sur un fond blanc des fleurs semées
au hasard.

Enfin, l'on seroit tenté de révoquer en doute une grande partie des descriptions de l'architecte napolitain, qui a parfois abusé, il est vrai, de la crédulité de ses lecteurs, si l'on ne découvroit encore, non seulement ici, mais en beaucoup d'autres cantons de l'Italie, les preuves de l'étonnante magnificence des anciens.

Cependant il étoit difficile de se reconnoître au milieu de tant de ruines d'une forme souvent bizarre ; et les historiens ayant négligé de nous indiquer leur nom et leur usage, nous aurions été réduits à de simples conjectures, si, en construisant tous ces édifices, on n'avoit employé un moyen très-simple pour en perpétuer la mémoire, tant qu'il en existeroit le moindre vestige. Ce moyen consistoit à imprimer sur les briques dont on forma le revêtement de presque tous les murs, la dénomination du monument pour lequel elles avoient été fabriquées, ainsi que l'époque de la construction, le nom des consuls, et jusqu'à celui du potier (1).

Ces caractères, gravés sur les briques, indiquent même un édifice dont nous n'aurions eu aucune connoissance, car il n'est point dési-

---

(1) Pirro Ligorio figure ainsi l'inscription de l'une de ces briques :

SERVIANO · III · ET · VARO · COSS
OPVS · DOLEAR · T · ÆLIVS · DIONISIVS
DELIC · CANOPI · AVG · N.

gné dans la description de Spartien ; je veux parler du Cynosarge, répétition d'un monument qui existoit à Athènes. C'étoit une espèce de gymnase nommé ainsi, parce qu'au moment où l'on offroit un sacrifice aux dieux Lares et à Hercule, un chien affamé emporta une cuisse de la victime (1).

Si l'empreinte tracée sur les briques a permis de restituer à chacun des monumens de la *villa Adriana* le nom qui leur est propre, elle n'est presque d'aucune utilité pour en faire présumer la disposition ; et l'on ne peut même en déterminer le plan ni les limites d'une manière exacte.

Nous avons déjà dit qu'il n'existe aucune régularité dans l'ordonnance générale de ces édifices ; et leurs ruines semblent semées au hasard. Adrien, dont Victor compare les ouvrages en peinture et sculpture à ceux de Polyclète et d'Euphranor, fut-il son propre architecte comme on l'assure ? S'il en étoit ainsi, on pourroit juger par la disposition de sa maison de plaisance, que ce prince méritoit les critiques et les plaisanteries qu'Apollodore, artiste aussi habile que sincère, se permit contre lui, et dont il fut si cruellement puni.

----

(1) Le nom de cynosarge, composé de ΚΥΝΟΣ, *chien*, et ΑΡΓΟΝ, *blanc*, ou *veloce*, pour faire allusion à la couleur ou à la vitesse de la course de cet animal.

L'objet d'Adrien étant d'imiter des monumens qu'il avoit remarqués, et sans doute fait dessiner, en divers lieux ; il n'y avoit, ce me semble, d'autre mérite que celui de les arranger suivant un plan régulier, bien entendu, et qui pût produire un grand ensemble. Mais on ne peut pas même lui accorder cet avantage. Ces bâtimens offrent entre eux des disparates choquantes : des parties droites sont appuyées sur des portions circulaires ; un monument pénètre dans un autre en formant des angles aigus ou obtus ; d'autres sont voisins, et ne sont point parallèles entre eux ; le plan général a plutôt l'air d'un labyrinthe, et le résultat des combinaisons d'un esprit malade, plutôt que d'une tête bien organisée. On diroit enfin que le hasard seul a présidé à tout cet ensemble ; et il en seroit ainsi de dessins arrangés d'abord régulièrement sur le bureau d'un architecte, et qu'un coup de vent auroit jetés pêle-mêle, et dispersés sur le parquet.

Nous avons déjà remarqué le même désordre dans les édifices de la ville de Pompeï et ailleurs ; mais nulle part il ne nous a tant choqué qu'ici. Que l'on ne dise pas que les inégalités du terrain en ont été la cause, car l'on a eu bien soin, quand il étoit nécessaire, de le niveler ou de le soutenir sur d'immenses substructions. Qu'on ne croie pas non plus que l'on ait eu en vue l'agrément du coup d'œil, puisqu'on pouvoit rendre la composition pittoresque sans y jeter du désordre.

On devroit donc considérer chacun des monumens de cette *villa* isolément l'un de l'autre, sans avoir égard à leur position respective ; et faire un travail de restauration particulier sur chacun d'eux. Nous indiquons ce programme à quelque jeune architecte instruit et plein d'ardeur, qui se feroit un nom par cette nouvelle manière de considérer cette agrégation de monumens. Il faudroit surtout bien distinguer les objets qui ont entre eux de l'analogie, qui appartiennent au même édifice ; et tout ce qui ne peut pas s'y rattacher d'une manière indubitable ou probable, seroit considéré comme faisant une partie à part, destinée à un autre usage, ou peut-être construite après coup et dans un temps fort postérieur.

Est-on bien sûr que toutes ces constructions ont été érigées ou à la même époque, ou dans l'intervalle du temps qui s'est écoulé depuis Adrien jusqu'à nos jours ? On sait qu'Antonin-le-Pieux et Marc-Aurèle ont fait travailler sur le même terrain (1). Et, lorsqu'il fut abandonné

---

(1) Pirro Ligorio dit que des tuyaux de plomb, déterrés de son temps, portoient le nom de ces empereurs.

par les souverains, il devint successivement la propriété de plusieurs familles qui se le partagèrent. Chacune d'elles établit sa demeure dans des portions de ces monumens, et y fit sans doute des retranchemens ou des augmentations suivant son goût ou sa commodité, sans avoir égard au plan ou à la distribution primitive.

Que diroit-on d'un architecte qui feroit entrer dans le plan général du Louvre les baraques et même les maisons construites presque aussi solidement que ce palais, et qui en encombroient jadis la cour et les environs ? Il en seroit de même de celui qui comprendroit dans le plan de la *villa Adriana* une église du moyen âge érigée sur les ruines du Prytanée, et d'autres constructions sans doute postérieures au siècle d'Adrien.

Il faut donc, nous le répétons, distinguer avec soin les époques. Et cela n'est pas aussi facile qu'on le croiroit d'abord ; car la manière de construire des Romains sous les empereurs s'est perpétuée avec peu de différences jusqu'à nos jours, quant au matériel de l'art. Il faudroit donc ne faire entrer dans son travail que les élémens qui portent d'une manière certaine le caractère et le style du siècle d'Adrien, dernière époque classique des arts anciens. Ces recherches seroient sans doute pénibles, mais je suis convaincu qu'on y seroit dédommagé de son travail par des découvertes et des connoissances très-précieuses sur les mœurs, sur les usages et même sur l'histoire de l'antiquité (1).

Quant à moi, simple voyageur, plus curieux qu'instruit, et moins pressé d'apprendre que de jouir, qu'ai-je éprouvé à l'aspect de cet immense amas de ruines? Après en avoir curieusement interrogé toutes les parties, quelles idées, quels sentimens ont-elles fait naître dans mon âme? Quel fruit, en un mot, ai-je tiré de mon excursion à la *villa* Adrienne? L'avouerai-je? je n'y ai trouvé que fatigue, ennui et tristesse.

En effet, ce local, jadis enrichi par les mains du génie, et, depuis, bouleversé par celles de l'ignorance, semble ne pouvoir même encore se couvrir de gazons et de fleurs qui forment le riche manteau dont la nature pare la terre pour dissimuler les traces de la destruction.

Je ne vois plus ici ni les chefs-d'œuvre de l'industrie humaine, ni les merveilles d'une active et abondante végétation. Quelques oli-

---

(1) Ce travail a été entrepris par MM. Guenepin, Huyot et A. Leclerc, pensionnaires du Roi à l'Académie de Rome. Ayant établi le plan de Piranesi sur une échelle double, ils ont reconnu toutes les parties de ce plan dont l'existence ne peut être contestée. Ils ont aussi relevé avec soin les élévations et les coupes de tous ces monumens. J'ai obtenu, mais trop tard pour en tirer tout le parti que j'aurois désiré, la communication de ce précieux travail, dont la publication feroit beaucoup d'honneur à ces artistes.

viers clair-semés, des vignes peu productives, de maigres épis, et des gazons desséchés, voilà les dons de la nature ! Quelques chaumières, appuyées sur les pans de vieux murs, remplacent le palais des Césars. Des eaux stagnantes et d'une odeur fétide, croupissent aux mêmes lieux où couroient autrefois des eaux limpides dans des conduits de marbre. Enfin, le cri rauque et lugubre des oiseaux de proie est le seul bruit qu'on entende au milieu de ce pierreux et aride désert.

Quittons ce tombeau des arts antiques ; faisons nos adieux à Tivoli ; et hâtons-nous de retourner à Rome où nous verrons les arts modernes sortir du berceau, s'élever à la plus sublime hauteur, et répandre de là leur heureuse et féconde influence sur le reste de l'Europe.

LETTRE XLI.

Jeu du porc. — Chasse, pêche, productions naturelles. — Eaux sulfureuses. — Villa de Mécène.

Tivoli.

Il suffit que l'on voie plusieurs personnes s'acheminer avec empressement et dans la même direction, pour être entraîné soi-même sur leurs traces : c'est ainsi que je me suis machinalement laissé conduire sur l'une des places de la ville, où déjà la foule étoit rassemblée. Il s'y passoit une scène qui excitoit le rire, les acclamations et les bruyans *bravo* des spectateurs. J'ai questionné : on m'a répondu qu'on jouoit *al porco*. Ces amusemens populaires qui, partout, se ressemblent quant au fond, mais dont la forme et les détails varient aussi bien que les pays, les mœurs et le caractère des habitans, sont du domaine du voyageur curieux et observateur.

Il est de ces jeux qui, bien que cruels et sanguinaires, peuvent être tolérés, parce qu'ils exercent l'adresse et le courage, et qu'ils familiarisent avec le danger. Tels sont ceux où des hommes combattent contre des animaux féroces ou furieux. Mais on a étendu plus loin cette image des combats, en encourageant, en obligeant même des hommes à se battre et à s'entr'égorger. On sait que le cirque de Rome offroit ces sortes de spectacles, au grand contentement de la multitude, qui avoit une telle fureur pour ce qu'elle se bornoit à désigner sous le nom de jeux, que la profession de gladiateur s'étoit ennoblie au point d'être exercée, malgré les défenses d'Auguste, par des chevaliers, des sénateurs même, et jusque par des femmes qui bravoient la honte et le danger de pareils combats aussi indécens qu'inhumains.

Il est dans la nature de l'homme de préférer les jeux dans lesquels il se mêle quelque péril; et on conçoit ce sentiment sans pouvoir le louer ni l'expliquer. Mais il est inouï qu'on s'amuse à voir souffrir de pauvres animaux, souvent d'une nature timide et paisible; et que, de sang froid, et sans aucun risque pour soi-même, on les excite à se battre, à se mutiler, et qu'on jouisse de leur longue agonie; enfin, qu'on les fasse servir de but pour exercer une barbare adresse.

Le jeu dont je vais parler, quoique de cette dernière espèce, est moins cruel que risible; et il n'est pas sans une sorte de risque pour les joueurs. Voici en quoi il consiste :

Un porc en est le sujet et la victime. Il est paré de rubans, et peint de diverses couleurs ; il porte une clochette pendue à son cou. Il s'agit de lui donner la chasse, de le terrasser et de s'en saisir, ce qui est assez difficile pour les chasseurs, puisqu'on leur ôte la faculté de voir et de marcher. En effet, chacun d'eux est enfermé dans un sac étroit et de toile épaisse et sans transparence, qui est noué par-dessus leur tête, de manière à former un bourrelet qui doit la garantir des coups auxquels elle seroit exposée. On a réservé deux trous pour passer les bras et les laisser en liberté. Affublés de cette étrange manière, les chasseurs sont disposés en rond et à quelque distance l'un de l'autre ; armés de bâtons, ils se tiennent prêts, lorsqu'on lâchera le porc, à courir sus. Aussitôt que la clochette décèle la présence de leur proie et les avertit de son approche, on les voit tous se mouvoir et s'élancer par bonds ; car, ne pouvant marcher, ils sont obligés de sauter à pieds joints. Aussi, le plus léger obstacle, le moindre choc les fait chanceler ; et, s'ils se rencontrent, ils cherchent mutuellement à s'écarter du but, et à se faire rouler sur l'arène.

Cependant l'animal grognon, effrayé par les

cris de la foule, galope lourdement, et fait des zigzags pour échapper à ceux qui le menacent : il fuit l'un, se précipite sur l'autre, le heurte, le culbute; fait ensuite un nouveau crochet, essaie de percer le cercle de spectateurs qui le repoussent dans l'enceinte, et le livrent à la poursuite des bâtonniers : ceux-ci, attirés à la fois par le son de la clochette, se rassemblent en sautillant autour de l'animal, vont pour le frapper; mais les bâtons se croisent en l'air, retentissent entre leurs mains, parfois se fourvoient en route; et, au lieu de tomber sur le porte-sonnette, les jouteurs n'atteignent que les épaules de leurs propres compagnons.

On juge des éclats de rire des assistans, lorsqu'ils voient ces sacs animés prendre dispute, s'escrimer à l'aveuglette et avec acharnement l'un contre l'autre, trébucher, se rouler sur le sable, ne se relever qu'avec de grandes difficultés, et revenir à la charge en faisant des contorsions fort étranges, surtout lorsque le cochon se trouve dans la mêlée, et que chacun s'apprête à le saisir.

Tel est l'objet des contendans; et le pauvre animal appartient à celui qui s'en est emparé ou qui lui a fait mordre la poussière. Le plus souvent le vainqueur invite ses compagnons, et même les juges du combat, à un grand repas, où chacun, oubliant le verre à la main les coups qu'il a reçus, s'efforce de soutenir la réputation des vignobles de Tivoli; et, pour ne pas faire mentir le proverbe, on finit par représenter au naturel la scène des antiques joueurs de trompette.

Au reste, on fait généralement bonne chère à Tivoli; la chasse y procure une grande variété d'oiseaux et d'animaux sauvages. Les rochers caverneux qui supportent les maisons de la ville, servent d'asile à des nuées de pigeons très-renommés. Les eaux du fleuve, quoique bondissant sur un lit très-inégal, ne laissent pas que de fournir plusieurs espèces de poissons. Toutes les pentes escarpées des coteaux sont couvertes d'oliviers dont on évaluoit le nombre de pieds, au dix-septième siècle, à plus de soixante et dix mille (1); et d'autres arbres à fruits, surtout des poiriers et des figuiers d'espèces très-variées. Les vignes s'y élèvent en treilles ou en berceaux; et c'est là qu'on recueille ce raisin nommé *pergolèze*, et qui, jusqu'au mois de janvier, se conserve frais suspendu à ses pampres. Le sommet des montagnes est tapissé d'odorans aliboufiers (*storax*), d'où il découle un suc résineux très-estimé pour la guérison des plaies. On y voit

---

(1) *Mich. Giustiniani*: *De Vescov. e Govern. di Tivoli.*

aussi des térébinthes, d'énormes massifs de myrtes, et une moisson de plantes et de fleurs odoriférantes. Les abeilles y recueillent un miel très-estimé ; et ces mêmes végétaux servent de pâture au gibier, et donnent à sa chair un excellent goût.

Ce n'est donc pas sans raison qu'Horace, Strabon et Pline louent l'étonnante fertilité du territoire de Tibur. Il fournit en outre toutes les matières nécessaires à la construction ; la chaux y est particulièrement très-bonne ; et on y trouve partout des carrières de cette fameuse pierre tiburtine connue maintenant sous le nom de travertin. Nous devons à la bonne qualité de cette pierre, ou plutôt de ce marbre, la conservation du Colisée, du Panthéon, et d'une infinité d'autres monumens antiques ; et l'on s'en est servi pour construire l'immense fabrique du Vatican, et presque tous les autres monumens de Rome moderne. Aussi, pouvons-nous dire avec les anciens :

De Tiburtino marmore Roma nitet.

Ce qui importe bien plus aux habitans de Tivoli, c'est l'extrême bonté de l'air, dont une foule d'auteurs ont parlé. Les anciens disoient qu'il avoit la vertu de rendre à l'ivoire bruni et jauni par le temps, sa blancheur primitive.

Properce et Martial font allusion à cette propriété pour se moquer des prétentions de beautés surannées, en leur conseillant de s'exposer au grand air de Tivoli pour blanchir leur teint.

Les eaux sulfureuses que les anciens nommoient *Albulæ* (1), traversent la plaine au bas de Tivoli, vers le chemin de Rome. Auguste, nous l'avons déjà dit, y avoit érigé des bains superbes. On en tira, du temps de Constantin, plusieurs belles colonnes de serpentin, dont cet empereur orna la basilique de Sainte-Sophie à Constantinople. Long-temps après on trouva, parmi ces ruines, des colonnes de vert antique employées par le pape Paul III à son palais, et par Jules III pour sa *villa* de la porte Flaminienne. On y remarquoit aussi des temples ou chapelles dédiées à plusieurs divinités, et particulièrement à Hygie, fille d'Esculape, et déesse de la santé : plusieurs inscriptions en font foi.

Les anciens peuples du Latium avoient déjà consacré auprès de ce lac un bois et une fontaine au dieu Faune qui y rendoit des oracles qu'on venoit consulter de toutes les parties de l'Italie. Le roi Latinus y eut recours avant de consentir au mariage de Lavinie avec Turnus (2). Et on

---

(1) Martial, Stace, etc.
(2) Ænéid. VII. *At rex*, etc.

voit encore les fondations d'un temple de forme ronde, sur lesquelles on a bâti une maison.

Par la suite, l'usage de ces bains se perdit ; et les digues qui contenoient les eaux s'étant rompues, elles inondèrent la plaine, et formèrent un marais infect, recouvert de rejetons de mauvaises herbes, et qui servit long-temps de repaire aux cerfs, aux chèvres sauvages, et aux sangliers que l'on venoit y chasser.

En 1546, le cardinal Hippolyte d'Est, alors gouverneur de Tivoli, fit dessécher ces marais, en resserrant les eaux dans le lit qui les contient encore, et qui en détermine le cours vers le Teverone. On fit abattre les bois taillis qui l'embarrassoient, et où des brigands s'embusquoient pour attaquer les voyageurs. La campagne se trouva par là délivrée des eaux superflues qui la rendoient malsaine ; l'atmosphère devint aussi pure qu'autrefois ; et on vint même y chercher le remède à plusieurs maladies. Les qualités médicinales de ces eaux sulfureuses, constatées par le témoignage de Pline, de Suétone et de Galien, ont été décrites par plusieurs médecins modernes (1).

Cependant cette portion de terrain ne peut

______

(1) Entr'autres par André Bacci, dans un Mémoire imprimé en 1564 ; et par Thomas Neri, dans son ouvrage intitulé : *De Tiburtini aeris salubritate.* Gio. Suares, médecin de Tivoli, prétend

être encore rendue à la culture, étant trop chargée de soufre ; mais elle forme de très-bons pâturages : et on en retire une sorte d'écume légère et spongieuse qu'on nomme *testina*, dont on se sert en architecture pour faire des voûtes et des corniches. On trouve aussi dans le lac sulfureux de grands morceaux de sélénite (*tartari*) qui entrent dans l'ornement des fontaines et des grottes de jardins.

Ce petit lac, auprès duquel on voit les ruines des anciens bains, est remarqué des voyageurs par ses îles flottantes formées des détrimens d'osiers, de joncs et d'autres végétaux qui croissent sur ses bords, et qui se réunissent en masse au moyen du tartre ou de l'alumine dont les eaux sont chargées, et y acquièrent même assez de consistance pour porter des poids considérables (1).

L'infiltration de ces eaux laisse sur les bords du fleuve une quantité de pierres d'un grain très-fin, d'une blancheur éclatante, et qui prennent la forme d'oranges, de graines de coriandre, de dragées, et des autres petits objets

---

que la vertu de ces eaux est peu active à présent. Dans l'analyse qu'il en a faite, il a trouvé beaucoup de soufre et un sel alumineux, uni à une terre argileuse.

(1) Pline le jeune parle d'un lac couvert d'îles flottantes, et situé dans l'Amélie. Liv. VIII, Lettre xx.

revêtus de sucre. Ces jeux de la nature trompent la main et les yeux ; le goût seul peut reconnoître l'imposture : et c'est un grand amusement pour les enfans, qui nomment ces fausses sucreries *confetti*, bonbons de Tivoli.

En rentrant dans la ville, deux objets d'un grand intérêt, et qui sont un nouveau témoignage de la magnificence et du bon goût des anciens et des modernes, la maison de délices de Mécène et la *villa* d'Est, invitent le voyageur à les examiner avec une attention particulière. Il a besoin de tous les efforts réunis du savoir et de l'imagination, pour se former une idée à peu près exacte de la première. L'autre, mieux conservée, n'est cependant que l'ombre, pour ainsi dire, de ce qu'elle étoit du temps de cette famille d'Est maintenant éteinte, mais dont la mémoire durera autant que les vers de l'Arioste ; ces vers font néanmoins plus d'honneur au poëte immortel, qu'à des princes qui apprécièrent assez mal l'élévation de son âme et de ses talens (1).

Ces longues terrasses, ces élégans portiques,

---

(1) On sait que l'Arioste ayant présenté son poëme au cardinal Hippolyte d'Est, celui-ci se contenta de lui dire : *Messer Lodovico, dove mai avéte pigliato tante Coglionerie?* Au reste, pour avoir illustré cette maison, bien qu'elle fût libérale et magnifique, il n'en obtint qu'une petite rente à peine suffisante pour l'empêcher de mourir de faim (500 liv.). Voilà, dit M. Ginguené, dans son

ces grottes fraîches sont solitaires et silencieuses; ce n'est que dans les jardins qu'on est distrait par le bruissement du feuillage et le léger murmure des eaux qui, jadis, soumises aux capricieuses lois de l'hydrostatique, jaillissoient ou retomboient en cascades, et ruisseloient sur des revêtemens de madrépores, de nacre de perles et de coquillages. Maintenant, abandonnées à leur propre cours, elles suivent la pente et l'inégalité du terrain, s'égarent à travers les racines des arbres et au fond de ravins qu'elles se sont creusés. Le luxe de la nature a remplacé celui de la fastueuse vanité des anciens propriétaires; tandis que les marbres croulent, les énormes cyprès plantés dans ces jardins continuent à croître, à s'élever, et vont chercher dans les nues la foudre qui souvent a brisé leur tête altière et pyramidale. Enfin, le temps vainqueur commence à marquer ces lieux du sceau de sa redoutable puissance qu'il a si cruellement appesantie sur la *villa Mecenate* dont nous allons lui disputer les débris.

La pensée s'élance et pénètre volontiers dans

Histoire Littéraire d'Italie, le prix de ses longs services, des dangers auxquels il s'étoi' exposé pour cette famille, et de ses immortels travaux. Aussi, ne peut-on le blâmer d'avoir pris pour devise une ruche dont un ingrat villageois chassoit ou détruisoit les abeilles par la fumée d'un feu de paille, pour en extraire le miel; avec le simple mot : *Ex bono malum*, le mal pour le bien.

les temps anciens. Elle se plaît surtout à considérer ces jours fortunés pendant lesquels le premier possesseur de ces lieux jouissoit des plaisirs d'une vie à laquelle il étoit si fort attaché, qu'il disoit lui-même :

> Qu'on me rende impotent,
> Cul-de-jatte, goutteux, manchot ; pourvu qu'en somme
> Je vive, c'est assez : je suis plus que content (1).

Au reste, il est prouvé que Mécène savoit faire un usage noble et généreux de son existence et de ses richesses. Sa société, composée d'Auguste, d'Horace, de Virgile, et des hommes les plus célèbres de son temps, étoit bien propre à lui faire aimer une vie qu'il passoit aussi agréablement. L'avantage du site, le développement magnifique de vastes et beaux édifices, la commodité recherchée des distributions intérieures, et les objets curieux qui étoient renfermés dans ce séjour, y attiroient les voluptueux habitans de Rome. Le grand style de ces ruines, leur nombre, et les souvenirs qu'elles rappellent, nous y conduisent nous-mêmes pour deviner ce qu'elles furent et pour admirer ce qu'elles sont.

______

(1) La Fontaine. Les vers originaux de Mécène sont encore plus expressifs. Ils sont rapportés par Crevier, Hist. des Emp., Ier vol., p. 282.

Décrites par Pirro Ligorio dans un temps où elles présentoient moins de confusion, plusieurs écrivains (1) se sont servis des dessins et des notes de ce célèbre architecte, et ont cherché à rétablir l'ensemble de ces monumens : il en résulte des faits que l'on ne peut révoquer en doute, et qui seront utiles pour en compléter la restauration.

Cette *villa*, située au sommet de la montagne de Tivoli qui domine la plaine de Rome et le fleuve Anio, occupe un espace carré de 600 pieds de longueur sur 400 de large.

Du côté de l'escarpement de la montagne au bas de laquelle coule le Teverone, et en face des maisons d'Horace et de Quintilius Varus, les édifices sont soutenus par deux rangs de pilastres, ou contre-forts, surmontés d'un double portique orné de colonnes engagées et d'ordre dorique. Sur les deux autres côtés, il n'y a point d'apparence de portique extérieur; mais on

____

(1) Kircher et Volpi, d'après les notices de Ligorio, de Zoppi, de Marzi et d'Antonio del Re, ont donné la description et les dessins de cette villa; mais, de notre temps, le comte d'Azara, ministre d'Espagne à Rome, amateur aussi généreux qu'instruit, obtint du gouvernement les facilités nécessaires pour lever exactement le plan de ces ruines. Il fit faire ce travail par deux architectes espagnols, pensionnaires de l'Académie de Madrid, Silvestre Perez et Evariste del Castillo. Ces plans ont été gravés en 1812, et publiés, avec une dissertation très-bien faite, par le savant D. Pietro Marquez, auteur de plusieurs autres ouvrages d'archéologie.

retrouve les traces de celui qui, à l'intérieur, régnoit sur les trois faces du parallélogramme, dont le quatrième côté étoit ouvert et présentoit des murs de terrasses, des rampes et des escaliers qui menoient au niveau des bâtimens.

En face de l'entrée, et au milieu de la place entourée de portiques, s'élevoit le prétoire, ou casin du maître, édifice à plusieurs étages en retraite l'un sur l'autre. Zoppi prétend que la hauteur de cette sorte de septizone, à partir des substructions, équivaloit à celle du dôme de Saint-Pierre.

De chaque côté, et entre les faces latérales du prétoire et les portiques qui décoroient les autres bâtimens d'habitation, ou voyoit de grands bassins, ou conserves d'eau, sans doute entourés de parterres et d'allées d'arbres.

Les galeries tant intérieures qu'extérieures étoient revêtues de petites pierres de forme losange, encastrées dans un fort enduit qui recouvroit la maçonnerie; les colonnes même étoient ainsi formées; et on croit que le tout étoit revêtu de stuc : je doute cependant qu'on eût exécuté avec autant de soin cet *opus reticulatum*, pour le cacher ensuite par un enduit qui, quelque beau qu'on le suppose, ne pouvoit faire un meilleur effet, surtout de loin, que ce travail aussi régulier qu'élégant.

Pirro Ligorio insiste sur l'existence d'un grand ordre ionique pour le *Prætorium* et les façades latérales du côté de l'entrée. Il se fonde sur une colonne de 40 pieds de hauteur, revêtue de petites pierres de diverses couleurs, et qui existe encore sur une base très-élevée et à droite de l'entrée de la *villa*. Michel-Ange pensoit que cette colonne portoit une statue, et qu'il devoit en exister une semblable du côté opposé pour orner symétriquement la façade principale; d'autres, trompés sans doute par le ragrément qui en a été fait par les propriétaires, ont pensé que cette colonne étoit moderne. Sans chercher à approfondir ces différentes opinions, il est aisé de voir, par la place qu'elle occupe sur le plan, qu'elle n'en faisoit pas partie. En effet, elle n'auroit servi ni à l'ornement, ni à l'utilité; et, s'il existoit un ordre ionique au-dessus du dorique, il ne pouvoit être de cette énorme dimension, sans écraser ce dernier ordre; ce qui seroit contre toutes les règles de l'architecture, et s'éloigneroit du style de l'époque à laquelle on fait remonter ces constructions.

Les grandes vicissitudes que cette maison de délices a souffertes depuis tant d'années, l'ont dépouillée de la plupart de ses beautés. A peine y retrouve-t-on quelques légères traces de peintures; et les ornemens de sculpture ont tous disparu. Combien ce séjour est différent de ce qu'il étoit lorsque le ministre et le confident d'Auguste venoit y chercher le repos, et surtout le sommeil, qui s'obstinoit à fuir sa paupière, quelque expédient qu'il mît en usage pour en obtenir les faveurs. Le murmure des eaux qui, en courant, rafraîchissoient sa délicieuse habitation, et tomboient en cascades sur les divers plans de l'édifice ; des musiciens placés à une certaine distance de sa chambre à coucher, de manière à ce que le son harmonieux des voix et des instrumens ne portât à son oreille que ces sensations douces qui invitent au sommeil ; toutes ces ressources que les richesses procurent à ceux qui les possèdent, ne suffisoient pas pour calmer le trouble intérieur de son âme, et l'inquiétude de son esprit.

Le seul aspect des ruines de cette demeure fait juger de son antique magnificence. Elle s'élevoit, avons-nous déjà dit, sur plusieurs rangs de substructions en retraite l'un sur l'autre ; on arrivoit au plan supérieur au moyen de rampes et d'escaliers ornés de grottes, d'où les eaux jaillissoient en abondance. L'asile du maître, entouré d'immenses portiques et de jardins, dominoit, comme une haute tour, la ville entière de Tibur, et ses environs, et pouvoit être facilement aperçu par les habitans de Rome. Et, même à cette heure, lorsqu'on voit s'élever du milieu de la verdure, et au sommet des rochers qui dominent le fleuve, ces deux immenses rangs d'arcades d'un style d'architecture imposant et grandiose, on ne peut qu'admirer cet édifice, l'un des plus extraordinaires qui nous soient restés d'une époque si fertile en productions du génie et de la grandeur romaine.

Roches escarpées de Tibur, couronnées de palais et de temples, cascades frémissantes, bosquets embaumés, je vous fais mes adieux. Votre vue a excité mes transports; vous excitez maintenant mes regrets. L'impression que vous avez produite sur mes sens, et la trace qui s'est empreinte dans ma mémoire, sont ineffaçables. En ce moment même, entouré des dessins que j'ai ébauchés à une époque fortunée et déjà trop loin de moi, il me semble encore sentir résonner la vibration de cette céleste harmonie que l'aspect de ces beaux lieux a fait, en quelque sorte, retentir dans mon âme : tous leurs charmes s'offrent en foule, et composent des tableaux ravissans que ma main est inhabile à tracer, quoiqu'ils soient restés vivans dans ma pensée. Semblables à ces rêves qui frappent si agréablement les organes, et dont on veut ressaisir le fil tranché par le réveil, mais qui n'offrent alors que des traits interrompus, des idées sans suite dont l'ensemble n'a pas plus de consistance et de durée que l'état qui les a fait naître ; mes dessins et mes notes, tracés à la hâte et sur les lieux même, sont insuffisans. Jalons épars, ils m'indiquent la route que j'ai tenue, et me guident dans ma course rétrograde ; mais ils ne font plus renaître ces sensations premières mêlées d'impatience, de surprise, d'enthousiasme que l'on n'éprouve que dans la jeunesse ; et les regrets qui se mêlent à ces souvenirs imparfaits ternissent la fraîcheur de mes tableaux.

LETTRE XLII.

Sur Raphaël.

Rome.

En arrivant à Rome je n'avois pu me défendre de cette première exaltation de sentimens, de cette divagation de pensées, qui portent à effleurer la sommité de tous les objets, à courir de l'un à l'autre sans ordre et sans choix. Confondant les divers plaisirs qu'ils me procuroient en une jouissance vague, indécise pour être trop générale, extrêmement vive néanmoins, mais qui ne pouvoit se prolonger, je suis allé me reposer à Tivoli, de cette sorte de déréglement d'esprit. La vue de la nature champêtre a rafraîchi mon imagination, a mis de l'ordre dans mes idées, m'a rendu à la raison, et je reviens à Rome, disposé à jouir avec moins d'emportement, à mieux calculer, à savourer mes jouissances, et à les rendre plus profitables.

Je devois mon premier hommage à la basilique de Saint-Pierre, et au palais du Vatican. Au milieu des sentimens qui attirent vers ces lieux célèbres, comme artiste j'y étois appelé par les grands noms de Michel-Ange et de Raphaël; noms plus grandioses peut-être que les lieux même qui les rappellent, et qui sont pleins de leur génie.

Cependant, de ces deux princes de la peinture, quel est celui qui exercera le plus d'empire sur mon âme, qui parlera plus éloquemment à mon cœur? Tous deux sont des êtres surnaturels. Michel-Ange excite l'étonnement, l'admiration; son aspect vous trouble, impose le respect! Raphaël, même en s'éloignant de vous par la hauteur de son génie, s'offre sous un aspect plus doux, plus aimable. Si l'un est l'Homère de la peinture, l'autre en est le Virgile. Je ne déciderai point entr'eux; mais je suis entraîné par un sentiment indéfinissable vers les salles du Vatican, où Raphaël respire, où son âme expansive, toujours présente en ces lieux, commande aux artistes l'enthousiasme et l'amour de l'art.

Qu'un autre décrive le sujet de chacun de ces tableaux, qu'il en pèse les grandes qualités et les moindres défauts; qu'il les passe froidement en revue.... Quant à moi, je m'abandonne aux douces rêveries que font naître de si beaux ouvrages. Je vais tracer sans ordre, avec abandon, ce que j'ai pensé, senti, éprouvé, pendant mes longues et fréquentes visites en ces lieux.. On parviendroit, à force d'études, à découvrir toutes les beautés répandues dans ces immortelles productions ; mais, pour les exprimer, il faudroit avoir le génie de leur auteur.

Raphaël, cet homme étonnant, semble avoir été créé par la nature, dans l'un de ces momens favorables, où elle-même étoit inspirée par le génie de la perfection. Car souvent il paroît qu'elle se fatigue, ou cède à de nombreux caprices qui la font se jouer de la pauvre espèce humaine, et se divertir à donner l'existence à des êtres qui en sont le rebut. En créant Raphaël, elle voulut sans doute en faire le prototype de toutes les perfections : son corps, elle le pétrit de la matière la plus pure, la plus noble, elle lui donna les formes les plus agréables ; son âme, empruntée aux divines intelligences (1), fut un mélange d'élévation et de modestie, d'énergie et de sensibilité. Supérieur aux autres hommes, par son esprit et par son génie, ils le lui pardonnèrent cependant, parce qu'il fut affable

____

(1) Vasari dit que ceux qui, comme Raphaël, sont doués de si rares perfections, ne sont pas de simples hommes, mais, pour ainsi dire, des dieux mortels (*Dei mortali*). Vie de Raphaël. L'Arioste a caractérisé Michel-Ange par ce vers :

Michel piu che mortale, Angiolo divino;

qui conviendroit mieux à Raphaël, tant au physique qu'au moral.

et généreux. Il semble que la nature l'eût initié dans tous ses secrets, et qu'elle lui eût confié la noble mission de répandre la lumière, de créer, de donner à la beauté tout son éclat, de forcer les hommes à admirer sa puissance et celle de l'être divin qui la lui a communiquée. Mais on a observé que ces hommes, si extraordinaires, ressemblent à ces météores brillans, qui disparoissent après avoir un instant embelli les cieux. Raphaël, moissonné à la fleur de son âge, plongea dans le deuil l'école romaine, qui se flattoit déjà d'être la reine de la peinture. On peut lui appliquer ce que Virgile dit du jeune Marcellus: Les Destins n'ont voulu que le montrer à la terre, et ils se sont hâtés de le lui enlever, jaloux des accroissemens que prendroit Rome, s'ils lui eussent laissé la possession durable du présent qu'ils lui avoient fait (1).

Dès son enfance, Raphaël fit usage des dons précieux qu'il avoit apportés en naissant. Il n'eut qu'à suivre son inclination, son adresse naturelle; et il traça, en se jouant, des essais qui surpassèrent le travail peiné de ses maîtres. Un coup d'œil lui suffisoit pour étudier leurs ou-

______

(1)   *Ostendent terris hunc tantùm Fata, neque ultra*
Esse sinent. Nimiùm vobis Romana propago
Visa potens, Superi, propria hæc si dona fuissent.

(VIRGILE, *Æn. VI.*)

vrages ; sa mémoire s'emparoit de toutes leurs beautés, qu'un goût épuré et délicat lui faisoit apercevoir à travers mille défauts qu'il devoit éviter. Il emprunta au Mazaccio sa naïveté ; au Perrugin, l'expression exacte des formes ; à Léonard de Vinci, la pureté de son dessin et son entente du clair-obscur ; à Fra Bartholome , sa couleur éclatante et vigoureuse, la grandeur de ses poses et sa manière de draper. Quant à la grâce, il l'inventa ; et c'est dans l'impression vive et profonde qu'il recevoit de l'aspect des objets naturels, qu'il acquit cette beauté idéale dans ses têtes, cette souplesse de mouvemens, cette expression fugitive qui se peint sur les physionomies, dans le geste et dans la pose de toutes ses figures.

Avide des sensations que lui faisoit éprouver le spectacle de la nature, il étudioit sans fatigue, et par une sorte d'instinct qui lui faisoit apercevoir toute l'étendue de l'art, et les moyens de le pousser à la perfection. Ce n'est point le mannequin qui lui apprit à disposer ses draperies ; l'étude seule du modèle ne lui auroit pas fait donner la vie à ses figures, s'il n'avoit saisi de la pensée, ces gestes, ces mouvemens, aussi rapides, aussi fugitifs qu'elle-même.

Voyoit-il un individu dans une action spontanée ? elle se traçoit dans sa mémoire, et il la transportoit ensuite sur la toile sans avoir besoin de consulter autrement le modèle. Vouloit-il peindre une belle femme dont la démarche légère et précipitée faisoit ondoyer autour d'elle les longs plis de ses vêtemens, ou la gaze d'un voile léger? certes, son mannequin n'auroit pu lui fournir les élémens de cette figure, s'il ne l'eût empreinte dans son souvenir; et ces mouvemens fugitifs, que le modèle n'eût jamais pu poser une seule minute, sont ceux qui donnent la vie à ses figures et à la pantomime de ses compositions.

Il avoit sans doute observé, étudié les statues antiques, dans lesquelles il trouvoit la nature embellie, ou plutôt l'harmonieuse réunion de beautés qui sont éparses dans un grand nombre d'individus. Cependant on ne remarque pas dans ses ouvrages, comme dans ceux de quelques autres artistes, la copie ou l'imitation servile des types anciens. Son style lui est entièrement propre; il ne ressemble ni à celui de ses prédécesseurs, ni à celui de ses contemporains; et il n'a pu être imité par personne.

C'est donc à l'inspiration, à la seule force d'un génie toujours bien pénétré de son sujet, que l'on doit ses admirables compositions. Vouloit-il représenter un trait historique? toutes les facultés de son être s'en emparoient; il le voyoit des yeux de la pensée, tout ordonné, composé et groupé. Chacun de ses personnages s'offroit à lui dans l'action propre, avec l'expression, la physionomie convenables ; et son sujet sortoit fini de son cerveau ; ou s'il avoit quelques repentirs, quelque hésitation dans les contours et dans la pose de ses figures, la pensée, toujours la même, n'étoit que modifiée, et c'étoit le produit du génie qui, s'offrant au creuset de la raison, n'en sortoit que plus pur.

Ce premier jet, modifié par l'étude de la nature, et corrigé par la réflexion, n'en conservoit pas moins ce grand ensemble, ce puissant aspect, cette force d'expression qui frappe, étonne, attache, et dans lequel on reconnoît une telle harmonie d'invention et de composition, qu'il seroit impossible de désirer qu'elle fût différente. Toutes les combinaisons du peintre le plus savant dans son art ne pourroient même ôter une figure ni le moindre accessoire, sans laisser un vide, et sans rompre l'accord des lignes de compositions, si bien conçues qu'elles forment un tout complet, et dont les élémens sont dans une admirable harmonie.

On a particulièrement considéré Raphaël comme savant dans le dessin, profond dans l'expression du caractère des passions. On lui accorde une fertilité prodigieuse dans la combinaison pittoresque de groupes et d'actions très-compliqués ; mais on doute qu'il ait possédé le sentiment du coloris.

Je ne crois pas avancer un paradoxe, en disant qu'il joignoit aux autres dons de la nature, celui de sentir et d'exprimer les effets de la couleur et de la lumière. Dès l'instant même qu'il se fut occupé du coloris, il y fit de si grands progrès, qu'on put juger qu'il auroit excellé dans cette partie de la peinture, de même que dans les autres. « Ç'auroit été, dit un grand » connoisseur (1), un double prodige ; puisqu'il » n'y a jamais eu personne qui ait possédé le » coloris avec le dessin, au point qu'il l'a pos-» sédé, ni tant de parties ensemble, dans un » degré aussi considérable. »

Raphaël n'étoit cependant pas coloriste, dans l'acception qu'on donne ordinairement à ce mot ; mais il entendoit bien les artifices de la couleur considérée sous le rapport du clair-obscur. Pour bien saisir mon idée, il devient nécessaire qu'on me permette d'entrer dans quelques détails.

Les coloristes, comme le Corrège, le Titien, Paul Veronèse et Rubens, etc., opèrent au moyen de teintes d'une extrême délicatesse,

---

(1) Richardson, Théor. de la Peint., pag. 130.

tantôt opaques, tantôt transparentes, mais toujours en harmonie dans leurs passages de l'une
à l'autre. Ce choix de couleurs produit, indépendamment de la rondeur et du relief des
corps, un certain charme qui flatte les yeux, et
nous retrace la nature avec une vérité frappante. Au moyen de ce procédé mystérieux, il
semble qu'on voye le sang circuler sous la peau,
qui offre cet éclat, ce velouté, cette transparence des fleurs, auxquels on compare souvent
le teint d'une jeune fille.

Dans tous les autres objets, le coloriste sait
rendre les contrastes sensibles, sans accuser
d'une manière trop apparente le passage du
clair à l'ombre. Il l'obtient par des semi-tons,
dont la délicatesse échappe aux regards. On ne
peut deviner de quelles couleurs ils sont faits;
on les croiroit peints avec le souffle et la vapeur
de l'atmosphère.

Ce n'est point en ce sens que Raphaël est
coloriste, mais dans l'observation savante des
lois du clair-obscur, qui tiennent au raisonne-
ment et à l'étude profonde des effets naturels;
tandis que le coloris peut être plutôt considéré
comme le sentiment aussi juste que délicat de la
couleur locale des objets. Nous pensons même
qu'on peut être coloriste sans nulle connoissance du clair-obscur; et la perfection consiste

à réunir les deux parties, qui se composent de l'imitation exacte des clairs, des ombres, des reflets, des luisans, de la transparence, en un mot, des accidens, des effets, et de tous les phénomènes de la lumière dans l'atmosphère et sur les corps solides.

Raphaël connoissoit tous ces secrets de l'art du coloris, branche si importante de la peinture. Il y a puisé cette belle entente dans l'effet, de plusieurs de ses tableaux; le relief qu'il savoit donner à ses têtes, à ses figures, même à ses raccourcis, et qui fait que les gravures exécutées d'après ses ouvrages, sont supérieures, pour l'aspect, aux compositions de quelques peintres qui n'ont été que coloristes, et qui n'avoient point le sentiment général du clair-obscur. On peut dire en effet qu'il y a de la couleur dans une gravure ou un dessin, lorsque, par le seul mélange du noir et du blanc, on parvient à rendre les contrastes, la dégradation des jours et des ombres, et tous les artifices du clair-obscur, quoiqu'on soit privé de la couleur locale.

Dans les premières fresques de Raphaël, on remarque des têtes et d'autres objets d'une vérité et d'une finesse de ton qui feroient honneur à un coloriste. Mais l'artiste ne peut guère s'occuper en même temps de la perfection de la forme, et du charme de la couleur; cette dernière qualité demandant une franchise d'exécution qui exclut le tâtonnement et les repentirs. Raphaël, revenant à plusieurs reprises sur le contour de ses figures, devoit, surtout en peignant à l'huile, fatiguer, salir ses teintes, et leur ôter cette transparence, cette fraîcheur recherchées par les coloristes, parfois même au détriment de qualités plus essentielles.

Mais notre grand peintre n'en connoissoit pas moins la grande machine de l'effet général; et nous n'en voulons pour preuve que le tableau si connu de *la Délivrance de saint Pierre.* Certes, ce tableau, admirable pour la composition, le dessin, la grâce et l'expression, est aussi d'un effet éminemment neuf et frappant; et, quoiqu'il soit exposé dans l'ombre et au-dessus d'une fenêtre, il offre un foyer lumineux qui s'étend sur toute la composition, et qui, modifié par d'autres clartés soumises aux lois du clair-obscur le mieux ménagé (1), deviendroit, dans un dessin ou une gravure exécutée avec le sen-

---

(1) En effet, il y a quatre lumières dans ce tableau. Les deux premières émanent des deux anges; la troisième de la lune, et la quatrième d'un flambeau qu'un des soldats tient à la main. Mais elles sont tellement distribuées, qu'elles ne se font pas sentir à la fois dans tous les endroits de la composition. « Il est incontestable, » dit Richardson, que cette pièce nocturne est la plus belle » qu'il y ait au monde. Il est vrai, ajoute-t-il, que dans la fameuse » Nativité du Corrège, la lumière qui émane du petit enfant, » est d'un éclat merveilleux, et se répand admirablement

timent de la couleur, le modèle le plus parfait qu'on puisse offrir aux coloristes.

Je me plais à répéter que le talent de Raphaël étoit le fruit de l'inspiration la plus soutenue et la plus vive, qui ne sortoit jamais des bornes du vrai, au moins du vraisemblable, et ne cessoit d'être d'un goût pur et sévère. Instruit à l'école des maîtres qui l'avoient précédé, il ne s'attache pas à les imiter ; il veut être lui ; et, lorsqu'il a acquis toute la force, toute l'élévation de son talent, il les laisse derrière lui, et se soutient à une hauteur désespérante pour ses successeurs.

En effet, les principes de l'art peuvent se communiquer, l'influence du génie peut se répandre et faire germer les talens, et c'est celle que Raphaël exerça sur son illustre école : mais cette manière sublime de concevoir ne pouvoit pas être laissée en héritage à ses élèves. Lorsque, sous ses yeux, ils travailloient sur ses dessins et d'après ses conseils, ils pouvoient presque se flatter de l'égaler. Mais, privés de ce guide si

---

» bien , etc. Mais je ne me souviens pas d'avoir jamais vu qu'entre
» une si grande variété de jours, le principal fasse un effet aussi
» étonnant que dans cette pièce. »

Ce qui contribue à l'éclat du tableau, c'est que Raphaël a peint l'Ange comme les êtres lumineux doivent l'être. La description qu'en fait Bellori (*Descr. delle imag. di Raf.*) est aussi piquante qu'énergique : *L'Angelico Spirito, in lucida veste di gloria, scintillante da ogni canto, irradiando la prigione refulge, e traspare in se stesso composto di aria, e di luce, senza mortal peso.*

sûr dont l'ascendant les entraînoit, les élevoit jusqu'à lui, ils retombèrent, pour ainsi dire, dans le néant d'où il les avoit tirés; et, s'il en est qui se soient illustrés à leur tour, ils ne l'ont fait qu'en prenant une autre route : on ne reconnoissoit plus dans leurs productions cette verve de pensée, ce style inimitable du maître, que l'envie et le temps ont respectés, et qui ont donné au Monde tant de chefs-d'œuvre.

Néanmoins, le croiroit-on? il est une époque fort peu éloignée de nous, et pendant laquelle la gloire de Raphaël paroissoit ternie. Ou plutôt, des barbares, dont les yeux étoient fascinés, et dont le goût abâtardi, ne savoit pas apprécier les œuvres immortelles du prince des peintres, les dédaignoient, pour imiter les grâces maniérées du Parmesan, et le clinquant de Pietro de Cortone. Ils se contentoient de suivre de loin ces maîtres faciles, qui étoient eux-mêmes des diminutifs de la grande école des Carraches (1). Ils nous inondèrent de leurs productions sans caractère, sans chaleur, sans nul sentiment; et ne nous offrirent, dans leurs prétendus tableaux

_____

(1) Cependant, pour juger à quel point le goût s'étoit déjà détérioré à cette époque, il suffit de citer le passage d'une lettre d'Annibal Carrache à son frère Louis, à l'occasion du tableau du Corrège, dit le saint Jérôme : « Je vous jure que je ne voudrois » pas donner la moindre de ces figures pour le tableau entier de » la sainte Cécile de Raphaël, etc. » (*Felsina pittr.*, p. 3, p. 365.)

d'histoire, que les grimacières positions des acteurs à la mode, et les grâces minaudières des bergères de l'Opéra.

L'aveuglement, porté au comble, s'étoit propagé dans toute l'Europe. Il existoit même à Rome : l'herbe croissoit sous le vestibule de la Farnésine (1); les salles du Vatican étoient désertes; les chefs-d'œuvre antiques, solitaires dans les musées, étoient l'objet des sarcasmes des sectateurs du Bernin; et ceux du Boromini, non contens de dégrader, d'abâtardir l'architecture, portoient une main sacrilége sur les précieux restes de l'art antique.

La peinture alloit enfin s'éteindre, étouffée sous les riches pompons dont on l'affubloit, sans le courage d'un homme bien au-dessus de son siècle, du sage Vien, qui, tout en sacrifiant d'abord à l'idole de la mode, sut peu à peu se soustraire à sa maligne influence, et fit fumer enfin un encens plus pur sur l'autel du vrai Dieu des arts.

Il forma son goût par l'étude de la nature et de l'antique, y puisa le don d'apprécier Ra-

---

(1) Richardson dit qu'en 1720 le petit palais Farnèse tomboit en ruines; la cour étoit couverte d'herbe. On lui dit qu'il y avoit plus de deux ans que personne ne l'avoit été voir; de sorte qu'on eut beaucoup de peine à en trouver les clefs. Quant aux salles du Vatican, il fut surpris de voir que les peintres et les amateurs de l'art avoient abandonné cet endroit. Il y fut plus de vingt fois, et toujours assez long-temps, sans y rencontrer personne.

phaël, et se fortifiant dans les vrais principes,
il voulut les remettre en vigueur. Il eut la hardiesse de donner le premier l'exemple d'un style
qui ne sembla nouveau que parce qu'il étoit
opposé au goût régnant, qui parut froid parce
qu'il n'étoit pas grimacier, et qui ne fit d'abord
qu'une légère impression, parce qu'on étoit
blasé ; mais il persista dans son système de ré-
forme, il brava les critiques, et il eut enfin la
gloire d'ouvrir une carrière nouvelle, frayée à
travers les obstacles, les contrariétés de toute
espèce, et d'y entraîner l'école française qu'il
venoit de régénérer.

Si Raphaël est maintenant apprécié, on doit
donc en faire honneur à ce Nestor des arts,
à cet homme respectable qui s'est peint dans
ses ouvrages, aussi simples, aussi sages que son
cœur. Mais il y avoit encore un vaste espace à
parcourir, un grand pas à faire pour élever la
peinture à toute la hauteur dont l'avoient fait
descendre deux siècles de décadence. Cette révolution a été l'ouvrage des disciples de Vien,
devenus à leur tour les maîtres de l'école dont
l'influence s'est répandue sur toute l'Europe ; a
porté de nouveau l'admiration sur les chefs-
d'œuvre que Rome possède ; et surtout a consacré les ouvrages du divin Raphaël comme les
prototypes de la peinture.

LETTRE XLIII.

Sur Michel-Ange.

On compte, dans les arts du dessin comme en littérature, quelques ouvrages devenus classiques, et qui servent de point de comparaison et de modèle. Ceux de Michel-Ange, malgré quelques défauts, sont de ce nombre; et ils sont considérés comme nécessaires à l'étude de l'art.

Cet homme non moins extraordinaire que Raphaël, quoique différent, et sur le tombeau duquel l'indépendante et juste postérité a consacré une triple couronne, est peut-être celui de tous les artistes dont la renommée est la plus colossale. Cela tient autant à la nature de son génie, pour lequel le mot de *grandiose* semble avoir été inventé, qu'à l'influence qu'il a exercée sur celui de ses contemporains et de ses successeurs. Non que je prétende ici lui assigner le premier rang parmi les artistes modernes : car Raphaël, son compétiteur au trône de l'art, s'y est assis à ses côtés; et, peut-être, l'auroit-il occupé seul, si, comme je l'ai déjà dit, la mort ne l'eût frappé dans un temps où chacun de ses jours étoit marqué par d'étonnans progrès, et où sa course, bien loin de se ralentir, acquéroit un nouvel élan dont on ne pouvoit deviner le terme.

La question de la prééminence de ces deux grands artistes a été long-temps débattue ; elle retentit encore en Italie, où les arts, moins éncouragés qu'autrefois, mais estimés et appréciés, sont le sujet ordinaire des conversations, et souvent d'une sorte de controverse à laquelle on attache beaucoup d'intérêt. Nous emprunterons quelques idées d'un opuscule où cette grande question est traitée avec sagacité, profondeur et impartialité (1).

Permettons - nous cette petite excursion, dans l'espoir qu'elle pourra contribuer à détruire quelques préventions, à faire apprécier, sous des rapports qui nous paroissent justes, le mérite des peintures de Michel-Ange. Nous y joindrons l'opinion de quelques écrivains célèbres ; et nous nous féliciterons de ce travail, s'il peut être utile aux élèves qui font de ces peintures l'objet de leurs études particulières.

Les Italiens sont plus à portée que nous de

____

(1) *Reflessioni sopra Michel – Angelo Buonarroti, del cav. Onofrio Boni in risposta a quanto ne scrisse Rolando Freart sig. de Chambray nell' opera :* Idée de la Perfection de la Peinture, etc.

juger leurs propres artistes, dont ils ont sans cesse les ouvrages sous les yeux. Ils ont de plus l'avantage de pouvoir interroger les traditions, et surtout une foule d'écrits curieux qui nous sont presque inconnus.

Un écrivain français, qui ne paroît avoir établi les bases de son parallèle entre Michel-Ange et Raphaël que sur l'inspection des gravures exécutées d'après les tableaux de ces grands peintres, est attaqué assez vivement par l'auteur italien qui observe, avec raison, que cette manière de juger est tout à l'avantage de Raphaël, puisque les gravures de Marc-Antoine, faites sous les yeux, et quelquefois corrigées de la propre main du peintre, nous transmettent fidèlement les contours, le caractère, l'expression de ses figures et l'image exacte de ses compositions; tandis que les ouvrages de Michel-Ange, peut-être plus difficiles à copier, n'ont été gravés que par des artistes inférieurs à Marc-Antoine, et qui, ne pouvant suivre le génie fougueux du maître, ont été réduits à se traîner péniblement sur ses traces.

Ce n'est donc que d'après des autorités respectables, et plutôt encore par l'étude des peintures originales qu'on peut asseoir un jugement impartial. R. Mengs place Michel-Ange et Raphaël auprès des anciens, pour la sublimité des conceptions; c'est-à-dire, ce que nous nommons l'idéal; et chacun des deux atteignit à cette hauteur, en suivant sa propre impulsion et son génie particulier. Celui de Michel-Ange le portoit au grand, au fier, au terrible. Et, par le mot grand, on ne doit pas entendre le gigantesque, mais ce caractère sublime qui donne de la grandeur aux plus petits détails. On le trouve aussi bien exprimé dans les dessins de Michel-Ange que dans les pierres gravées, les médailles et les bas-reliefs antiques; tandis que plusieurs colosses modernes ne paroissent à l'observateur instruit que des pygmées.

Le génie de Buonarroti se manifesta de bonne heure. Vasari raconte de lui qu'étant enfant, il retoucha à la plume un dessin du Grillandajo; et le grandiose de sa touche contrastoit tellement avec la manière sèche et mesquine en usage jusqu'alors, que, dès ce moment, on jugea de ce qu'il seroit un jour. En effet, on peut dire que son talent n'eut point d'enfance. Semblable à ces plantes vigoureuses qui se développent avec force et rapidité sous un climat favorable, et y produisent spontanément des fleurs et des fruits, il étonna les artistes par l'essor subit d'un style nouveau; et son fameux carton, fait en 1504, en concurrence avec Léonard de Vinci, devint aussitôt l'objet des études et des méditations de Raphaël, très-jeune alors, d'Andrea del Sarte, de Baccio Bandinelli, de Perrin del Vaga, et d'autres en si grand nombre dont il forma le goût et agrandit la manière.

Il peignit peu après la voûte de la chapelle Sixtine, premier modèle du grand style de la peinture moderne, qu'il communiqua à tous ses ouvrages de sculpture et d'architecture.

Il y a trois siècles complets que ces peintures existent; et non seulement elles furent le sujet de l'admiration du siècle d'or de la peinture, mais elles ont été constamment étudiées comme des modèles. Pour se convaincre qu'elles méritent ce concours unanime de louanges, passons en revue les différentes parties qui constituent les bons ouvrages de peinture, et voyons ce que Michel-Ange a possédé dans chacune de ces parties.

Si la perfection du dessin consiste dans la correction, c'est-à-dire, l'exacte représentation de la forme des corps, dans quelque situation qu'ils se présentent à nos yeux, certes, Michel-Ange n'a été surpassé par aucun autre peintre. Né dans l'enfance de l'art du dessin, il en posa les limites. Au moyen de la seule rectitude du coup d'œil, il représenta tout ce que la perspective linéaire exécute au moyen des règles géométriques. Il y joignit la science la plus profonde de l'anatomie. On lui reprochera seulement d'en avoir fait abus dans des poses où il met tous les muscles en action, tandis qu'ils devroient être en repos. Ne pourroit-on pas aussi lui appliquer ce que Quintilien dit du discobole de Miron dont la pose est étudiée et maniérée? Mais ces défauts de Michel-Ange sont bien compensés par ce qu'il possédoit dans d'autres parties essentielles de l'art, et surtout par son style grandiose qui semble nous retracer les héros d'Homère.

On peut dire aussi qu'il perfectionna l'art des raccourcis, s'il n'en fut pas l'inventeur; car il n'est pas prouvé que le Corrège, qui l'a si bien possédé, n'ait point vu les ouvrages de Michel-Ange avant d'exécuter sa célèbre coupole de Parme.

Quant au clair-obscur, partie dans laquelle le même peintre a excellé, il fut possédé par Michel-Ange à un moindre degré; mais il y égala Raphaël. On peut se représenter quel fut l'étonnement des artistes de Rome, lorsqu'on découvrit, pour la première fois, cette fameuse voûte de la chapelle Sixtine, si remarquable pour la correction du dessin, pour l'intelligence supérieure des raccourcis, pour l'expression dans les têtes et dans les mouvemens; lorsqu'on vit, en quelque sorte, se détacher des murailles ces terribles prophètes et ces vénérables sibylles ; lorsqu'on aperçut l'Eternel se balançant sur des nuages… Ce spectacle devoit être d'autant plus étonnant, qu'il étoit nouveau, inattendu, et qu'aucune peinture n'en avoit encore offert de pareil. Bientôt après, le Corrège produisit une illusion plus complète ; Michel-Ange ne fut pas moins le créateur du genre. Et, s'il est beau d'atteindre à la perfection par une route déjà connue, quelle obligation n'a-t-on pas à celui qui l'a frayée après l'avoir découverte ?

L'on peut mieux juger du coloris de Buonarroti par ses tableaux de chevalet, dans lesquels il ne cédoit rien aux meilleurs peintres de l'école florentine ; que par ses peintures à fresque, les seuls grands ouvrages qu'il ait exécutés, mais qui sont gâtés par la fumée et par la poussière, encore plus que par la vétusté.

Néanmoins, dans les figures gigantesques de son Jugement dernier, l'on remarque une touche large et facile, un pinceau moelleux, et une dégradation bien ménagée dans le passage du clair à l'ombre. Il est certaines parties de nu, qui, pour la saillie et la vérité de la couleur, approchent des ouvrages du Titien. Il est même surprenant que, dans un tableau à fresque d'une si grande dimension, l'artiste ait pu obtenir un effet général aussi harmonieux, quoique toutes les figures qui le composent, et qui sont presque toutes nues, dussent nécessairement disperser la lumière, et nuire à l'ensemble. Néanmoins il a su produire, au moyen de la variété des carnations et des accidens de lumière, de grands partis d'effet habilement contrastés. Nous tirerons de cette vaste composition, la preuve que ce grand peintre possédoit même, aussi bien que Raphaël, le sentiment de la couleur.

Dans la partie inférieure, où il exprime la résurrection des corps, on voit des squelettes qui commencent à se mouvoir; quelques uns sont à moitié couverts de chair; un grand nombre d'autres, rendus à la vie, cherchent à se dépouiller de leur linceul pour quitter la terre et s'élancer vers le ciel. Tout ce groupe, composé de corps pâles et livides, et de draperies blanchâtres, contraste admirablement avec le groupe opposé qui se trouve à l'entrée de l'enfer, d'où sortent des flammes dont la couleur rougeâtre se reflète sur la multitude des damnés, que

Caron demonio con occhi di bragia

chasse de sa barque. Il ne falloit rien moins que le génie de Buonarroti pour ramener un si grand nombre de figures à un effet général, et pour le contraster d'une manière si piquante et si naturelle.

Quant à la composition et à l'expression ; quel peintre a mieux su que Michel-Ange concevoir, grouper et disposer une grande machine? et quel vaste génie ne falloit-il pas pour imaginer seulement l'ensemble de l'étonnant tableau du Jugement, en coordonner si adroitement toutes les parties, les lier les unes aux autres par des épisodes ingénieux, et les subordonner toutes à une pensée unique et centrale, d'où émane tout l'intérêt ?

Un Dieu juste et miséricordieux occupe le milieu du tableau. L'expression de son visage est un composé de tous les sentimens qui agitent le cœur de l'homme, épurés par la Divinité : il maudit les réprouvés et semble les plaindre ; il protège les élus, sans avoir été ébranlé par leurs prières ; et, ne consultant que sa justice, il décerne des récompenses à la vertu, et semble foudroyer le crime.

Cette figure, dont l'artiste ne peut avoir trouvé le modèle que dans la profondeur de son génie, vaut seule un poëme ; elle est supérieure à tout ce que l'antiquité a produit de merveilleux ; et l'Apollon, auquel on pourroit la comparer sous certains rapports, n'approche pas de cette conception pleine de force, de grandeur et de majesté.

Sans entrer dans plus de détails sur la composition de ce tableau, on peut affirmer qu'il n'est pas un seul de ses groupes qui, pris isolément, et exécuté par tout autre, ne dût assurer à son auteur une juste célébrité.

Nous ne terminerons pas cet aperçu des qualités distinctives du talent de Michel-Ange comme peintre, sans parler du style qui lui est propre. On lui a reproché de s'être écarté du style antique; mais on ne l'a peut-être pas assez loué de s'en être créé un particulier et indépendant. Semblable à ces Titans jaloux qui combattoient contre les dieux de l'Olympe avec des armes inégales, et qui, en succombant dans cette noble lutte, ont montré un courage supérieur même à celui de leurs adversaires, Buonarroti a combattu quelquefois avec avantage, et a ennobli sa défaite. Il n'a erré que volontairement, et par une sorte d'exagération qui déceloit la supériorité et en quelque sorte la surabondance de ses forces.

Elevé à la cour des Médicis, dans la familiarité d'un prince ami zélé des arts, Buonarroti avoit à sa discrétion tous les modèles antiques. Il essaya son génie sur ces beaux ouvrages; il les étudia tant qu'il eut besoin de soutien dans la carrière. Devenu créateur à son tour, il voulut être indépendant. Il auroit imité la noble simplicité des anciens, s'il eût pu modérer son essor ; et l'on connoît l'erreur où l'on fut de son temps sur une de ses statues, qui passa pour antique. Enfin, s'il fût resté imitateur, on lui eût fait moins de reproches ; mais aussi auroit-il produit son immortel Moïse !...

On excuse volontiers des écarts tels que ceux de Michel-Ange ; mais les téméraires qui ont osé imiter sa hardiesse, sans avoir son talent, n'ont réussi qu'à se faire une manière plus ou moins barbare.

Il est plusieurs genres de beautés dans les arts du dessin, comme dans la poésie. Chacun doit embrasser celui qui convient le mieux à son génie. L'un exprimera les émotions douces ; l'autre les fortes passions. Michel-Ange et Raphaël sont arrivés au sublime par deux chemins différens. Tous deux excellent dans le dessin ; et si Michel-Ange est plus savant dans l'anatomie, Raphaël est plus varié dans les caractères, dans les expressions, mais surtout plus gracieux dans ses figures de femmes et de jeunes gens.

Leur coloris est inférieur à celui du Titien ; que personne n'a surpassé ; et dans le clair-obscur ou le prestige du relief ils sont aussi inférieurs au Corrège.

Il faut en conclure, avec Mengs, que la peinture parvint, au commencement du seizième siècle, au plus haut degré auquel les modernes

l'aient portée. Cet art acquit, par le concours de
Michel-Ange et de Raphaël, la fierté, la beauté
sévère des formes, en un mot le style grandiose; l'invention, la composition et l'expression.
Enfin, le Titien et le Corrège créèrent en quelque sorte l'intelligence de la couleur naturelle
des corps avec tous les accidens et les modifi-
cations que peut produire la lumière, la dégradation du clair-obscur, la délicatesse du pinceau,
et toutes les recherches (*squisitezze*) de la grâce
et du goût.

LETTRE XLIV.

*Copie du tableau de la Transfiguration, exécutée en mosaïque.
— Notes historiques sur cet art.*

On ne peut entrer dans la basilique de Saint-Pierre sans éprouver un sentiment de respect qui porte au recueillement et commande le silence. C'est ici, en effet, le premier et le plus célèbre temple du monde chrétien. C'est dans ce sanctuaire, qui est le centre des vœux, des prières et des désirs fervens de tous les fidèles, où se font avec la plus grande solennité les cérémonies les plus imposantes du culte, où s'opèrent avec le plus de majesté les sacrifices et les rites mystérieux et sacrés de notre religion. Je parcourois lentement les détours de cet immense édifice; mes regards, mes pensées se portoient avec autant de surprise que d'admiration sur les étonnans objets dont j'étois environné, lorsque mon attention a été détournée par une scène aussi simple qu'imposante ; la vive impression qu'elle a produite sur moi me la rend encore présente. Je vois s'avancer lentement, au milieu de la foule qui se prosterne à ses pieds, un vieillard vénérable.

Ma mémoire frappée me retrace cette belle tête couverte de cheveux blancs, ce visage sur lequel sont empreints une indulgente bonté et le calme de l'âme : j'aperçois encore flotter cette longue tunique d'une éclatante blancheur; et, quoique dépouillé de tout autre ornement, je reconnois le souverain pontife. Le silence le plus profond règne autour de lui; l'on s'écarte avec respect. Arrivé seul vers le milieu de la nef, il s'agenouille, et, prosterné sur le pavé de marbre, il s'humilie devant le sanctuaire, confondu avec les autres fidèles.

Je l'ai revu depuis, sous un dais magnifique, couronné de la triple tiare, éblouissant de richesses, environné de toute la pompe de la souveraineté; et il me paroissoit plus grand lorsque seul, courbé sur une tombe et plongé dans une profonde méditation, il prioit pour le salut et la paix du genre humain. Son humilité l'élève à mes yeux; je reconnois le digne successeur de saint Pierre, le pasteur du monde chrétien; et son humble attitude m'inspire plus de respect que si je le voyois officier dans les plus brillantes cérémonies.

Un tableau d'un autre genre, mais non moins intéressant pour moi, attira ensuite mes regards; ils s'arrêtèrent sur la sublime scène de la Transfiguration du Christ. Je n'ai pu me défendre d'une sorte d'exaltation mystique à la vue de ce chef-d'œuvre de la peinture moderne.

Je ne sais si le hasard, ou une combinaison assez ordinairement prévue en Italie dans la distribution des monumens de l'art, avoit disposé cette mosaïque; mais un rayon de soleil frappoit sur la Gloire. La figure du Christ étinceloit d'un éclat surnaturel, et le reste de la composition étoit dans une douce et harmonieuse demi-teinte. L'aspect de cette inimitable peinture, qui n'en étoit plus une pour moi, car l'illusion fut un instant complète : la sainteté du lieu, le silence religieux, ami de la méditation et du recueillement, auquel succédèrent tour à tour les accords de voix aériennes et les sons d'une musique lointaine qui s'égaroient sous les voûtes de l'immense édifice; les nuages d'encens qui jetoient un voile mystérieux sur les objets éloignés; en un mot cette scène, dont tout contribuoit à rendre l'ensemble imposant, a laissé dans mon âme des traces si profondes, que je doute que la vue du tableau original (1) puisse me rappeler les sensations que j'ai éprouvées, et les fasse renaître : le charme sera rompu, l'en-

----

(1) On l'avoit déjà transporté à Paris. Et cette copie, exécutée en mosaïque, il y a une cinquantaine d'années, est d'une proportion plus forte que l'original, et d'un ton plus clair et plus harmonieux.

thousiasme épuisé, et il ne me restera plus à offrir au divin Raphaël que le tribut d'admiration que son nom commande à tous les amis des arts rivaux de la nature.

Consacrons quelques pages à la louange de la mosaïque, de cet art qui doit immortaliser les productions les plus parfaites de la peinture. Car il ne suffit pas de faire des chefs-d'œuvre, il faut encore que leurs élémens soient durables; et tel est le caractère essentiel que les anciens cherchoient à imprimer à leurs ouvrages.

L'imprimerie rassure à cet égard les littérateurs, les poëtes et les orateurs sur le sort de leurs productions; et quand bien même ces feuilles légères, auxquelles ils ont confié le soin de leur immortalité, seroient dispersées par le souffle du temps, la découverte récente de la stéréotypie en transmettra les matrices; et ces planches de métal retiendront toujours le témoignage authentique de nos lumières et de notre savoir.

La sculpture a pour garant de la durée de ses productions le marbre et le bronze qu'elle emploie. La peinture sera-t-elle seule privée de cet avantage? Ne pourra-t-elle pas, comme ses sœurs, braver les outrages du temps? Nous avons un exemple fatal du peu de solidité des travaux de cette muse; elle avoit aussi ses adorateurs en Grèce et à Rome, et marchoit sans doute de front avec la sculpture. Celle-ci a laissé des chefs-d'œuvre inimitables. Combien ne font-ils pas regretter les modèles que la peinture eût offerts aussi à notre admiration! Les tableaux antiques sont fort rares; et malheureusement ils ne répondent pas à l'idée de perfection que nous nous en formons. Il est vrai qu'ils ne peuvent être considérés que comme des peintures de décoration où l'on reconnoît cependant les principes d'une excellente école. Les procédés de la fresque et de l'encaustique, ou plutôt la manière qui les réunissoit, a suffi pour préserver ces ouvrages de la destruction. Ces procédés sont malheureusement perdus, et nous devons trembler pour les peintures modernes. Nous en voyons qui remontent à peine à quelques centaines d'années, et déjà elles sont dans un état de dégradation qui nous fait craindre de les perdre bientôt.

La fresque, le seul procédé digne interprète du génie, celui qui nous conserve, dans toute leur intégrité de dessin et de couleur, les chefs-d'œuvre de Raphaël et de Michel-Ange, la fresque est tombée en discrédit. Cette révolution, plus fatale qu'on ne le pense, est le fruit de la découverte de la peinture à l'huile, que Michel-Ange dédaignoit avec raison. Lorsque ce grand maître exécutoit ses admirables fresques, sa pensée, presque aussitôt exécutée que conçue, n'avoit pas besoin d'un procédé timide, qui permet d'ébaucher, de repeindre, d'effacer, de corriger encore, et qui paroît être moins l'ouvrage de l'inspiration que celui du tâtonnement. D'ailleurs, la fresque, destinée à décorer les murailles des temples et des palais, devoit durer presqu'autant qu'eux, étant à l'abri de la cupidité, de la mode, et des événemens qui dispersent ou détruisent les peintures, en quelque sorte, amovibles.

Nous ne confions plus maintenant les destinées de cet art qu'à une toile légère, que la chaleur altère, que l'humidité pénètre et pourrit bientôt. Ce moyen donne, il est vrai, la faculté de transporter les productions de la peinture. Mais dès qu'elles deviennent un objet de commerce, on peut prédire que c'est au détriment de l'art. Ce n'est pas que nous voulions priver les amateurs, d'un innocent plaisir, celui de posséder, dans un espace resserré, des tableaux de moyenne proportion ; nous laissons même les artistes se délasser de leurs vastes conceptions par l'exécution de ces petits ouvrages. Qu'on nous permette cependant de gémir sur cet usage exclusif de la toile qui sert de fond a nos plus précieuses peintures.

Si les grands maîtres exécutoient quelques tableaux de chevalet, c'étoit sur des matières durables, telles que le marbre, l'ardoise, le cuivre, au moins sur les bois les plus durs. Nous avons renoncé à ces procédés. Est-ce par insouciance ou par modestie? et, par là, faisons-nous l'aveu tacite que nos ouvrages ne sont pas dignes de passer à la postérité? Quoi qu'il en soit, nous avons l'exemple de leur peu de durée; et, loin d'en profiter, nos tableaux de la plus grande dimension ne sont exécutés que sur toile. Nous en couvrons les murs encore humides de nos monumens. Et quand bien même ils ne seroient pas détruits bientôt, ce qui, malgré toutes les précautions, n'est que trop probable, qui peut répondre que cette place que nos artistes occupent si glorieusement, ne sera pas remplie quelques années plus tard par l'ouvrage d'un rival plus habile, plus heureux, ou seulement plus adroit? tandis que les tableaux exécutés à fresque pourroient être momentanément dérobés aux regards, et n'en existeroient pas moins pendant plusieurs siècles.

Mais si, en étendant nos vœux et nos idées, nous voulons immortaliser nos peintures, ce n'est que par l'entremise de la mosaïque que nous y parviendrons. Elle seule peut se montrer à découvert, et braver les injures de l'air; elle n'est altérée ni par les rayons les plus brûlans du soleil, ni par l'influence d'un climat humide et glacial ; elle seule résiste aux élémens et aux siècles ; elle est donc seule digne de transmettre aux âges futurs la gloire de la peinture moderne.

L'art de la mosaïque est l'une des plus anciennes et des plus belles inventions de l'industrie humaine. Elle est sans doute née de la peinture, dont elle doit assurer la durée au moyen de la solidité de ses élémens. Nous ne nous appesantirons pas sur l'étymologie du nom de cet art, que les uns dérivent de l'hébreu, d'autres du grec, d'autres enfin, sur l'autorité de Pausanias, d'un artiste célèbre, nommé *Musi*, et nous renverrons les curieux à l'ouvrage du savant Furietti (*de Musivis*).

La mosaïque, qui consista d'abord dans la réunion de petits morceaux de marbre colorés, sur une surface plane, et dont le rapprochement offre l'apparence d'une peinture, doit avoir été pratiquée aussitôt que le moyen de débiter le marbre, en très-petites parties, fut trouvé par un artisan dont Pline qualifie l'industrie de *importuni ingenii*. Avec ces marbres sciés, on commença par former des pavés de diverses couleurs que les Grecs nommoient *lithostrata*, les Romains, *sectilia*. Lorsque, par la réunion de morceaux infiniment petits, ils imitent l'image des objets, on appele cet ouvrage *vermiculatum* ou *musivum*. C'est ce que nous entendons par le nom générique de mosaïque.

Nous ne nous arrêterons pas sur les différens genres de mosaïque, distingués dans les auteurs par une foule de mots techniques. Nous nous bornons à consigner ici une opinion nouvelle relative à l'*opus vermiculatum*, dont la véritable signification est encore douteuse. Nous croyons que ce genre de mosaïque n'est autre chose qu'un travail encore en usage en Italie, et qui consiste à arranger, suivant des dessins réguliers, de très-petits cailloux roulés, de diverses couleurs.

On en fait des pavés pour les vestibules, et parfois même pour les allées de jardins. Ces cailloux, encaissés dans un lit de ciment, ne sont point aplanis et polis comme la mosaïque; mais ils présentent des aspérités arrondies. Ce travail a quelque rapport avec celui des polypes d'eau, produits connus sous le nom de lithophytes, et que les anciens pouvoient désigner sous celui de *vermiculatio*, duquel nous avons fait vermoulure, vermiculaire et le mot vermiculé, terme d'architecture.

Revenons à la mosaïque proprement dite, et voyons à quel peuple on en doit l'invention.

Est-ce aux Egyptiens, aux Assyriens, aux Perses ou aux Grecs? Ce qu'il y a de certain, c'est que la mosaïque étoit en usage très-anciennement chez les Egyptiens, et qu'ils étoient fort adroits à travailler le marbre et les pierres les plus dures, dont ils revêtissoient l'intérieur et l'extérieur de leurs monumens. Il est probable qu'ils ne poussèrent point la mosaïque à la perfection ; ils se contentoient d'inventer, et laissoient aux autres peuples la gloire de perfectionner.

Les premiers ouvrages de la véritable mosaïque pourroient être attribués aux Perses. Aussi adroits que les Egyptiens à scier le marbre, ils en possédoient un grand nombre d'espèces remarquables par la vivacité et la variété des couleurs, et par la finesse du grain. D'ailleurs, doués d'une imagination vive, et portés au luxe et à la délicatesse, ils durent adopter un genre de décoration aussi magnifique que durable.

Cet art passa, selon toute apparence, des frontières de la Perse chez les Assyriens, et de ceux-ci aux Grecs, qui l'élevèrent bientôt à la perfection avec les autres arts du dessin. Nous pouvons en juger par une mosaïque encore existante, et qu'on peut à juste titre attribuer à un artiste grec très-habile, que Pline nomme Sosus. En effet, la description qu'il fait de son tableau en mosaïque, représentant des colombes perchées sur le bord d'un vase, convient parfaitement à celui qu'on a trouvé, en 1737, dans les fouilles faites à la villa Adrienne. Ce précieux monument de mosaïque, qui imite très-bien la peinture, prouve jusqu'à quel point de perfection cet art étoit porté chez les anciens ; et les morceaux de marbre très-dur dont il est composé sont si petits et si multipliés, que, dans un espace d'un pouce en carré, on en compte plus de deux cents.

Nous avons dit qu'on avoit commencé par se servir de pierres et de marbres de couleur pour la mosaïque. On y substitua ensuite des morceaux d'émail ou de verre coloré. L'une et l'autre manière exigent la même adresse pour l'arrangement. Mais la mosaïque de marbre demande beaucoup plus de soin et de temps, puisqu'il faut choisir, dans un nombre infini de morceaux, les couleurs et les dégradations des demi-teintes ; tandis que l'émail se colorant à volonté, on obtient les nuances les plus vives et les plus fortes. Mais aussi elles sont moins harmonieuses, et peut-être moins durables.

La mosaïque ne commença à être pratiquée à Rome que vers les dernières années de la république, lorsqu'on transporta à grands frais de la Perse, de la Numidie, de la Phrygie et de l'Egypte, des ouvrages de ce genre, qui furent admirés des Romains, et qui leur donnèrent le désir de les imiter. En conséquence, on fit venir des marbres de tous les pays, et l'on appela des artistes grecs qui établirent une école de mosaïque à Rome. Cet art se naturalisa peu à peu, et fut poussé à une grande perfection sous Adrien qui en étoit fort curieux; et les vestiges qu'on en a trouvés de nos jours à la maison de plaisance de cet empereur, ne démentent pas les éloges et les descriptions pompeuses qu'en fait Stace.

La mosaïque fut en honneur dans les deux premiers siècles de l'Empire chez les Romains; mais, sous Septime Sévère, elle commença à déchoir avec les autres arts. Néanmoins, en Italie, on travailla toujours en mosaïque, sous Gallien, Aurélien, et leurs successeurs.

Nous passerons sous silence les travaux de ce genre exécutés à Saint-Pierre par Constantin; et ceux qu'on voit encore dans les églises de Ravenne, bâties dans les quatrième et cinquième siècles.

Les Goths, émules des Romains dans le désir de faire fleurir les arts, eurent quelque estime pour la mosaïque; et Théodoric, devenu roi d'Italie, fit exécuter un pavé à Sainte-Marie *in Cosmedin*, de Ravenne. Il paroît qu'on se

trompe lorsqu'on attribue la ruine des monumens romains aux princes goths : non contens,
comme je l'ai dit ailleurs, de réparer à grands
frais les édifices de Rome, ils portèrent les peines
les plus graves contre les dévastateurs. Si les
beaux arts ne se soutinrent pas à cette époque,
ce ne fut pas faute d'encouragement ; et l'on
doit attribuer leur décadence à d'autres causes,
dont l'exposition nous mèneroit trop loin.

Dans le sixième siècle, on travailla beaucoup
en mosaïque à Constantinople, par ordre de
Justinien. Ce prince fit revêtir le dôme de Sainte-
Sophie de peintures de ce genre, qui se distinguent bien plus par le choix et la richesse de la
matière, que par la pureté du dessin. C'est à
cette époque qu'on doit faire remonter l'usage
des mosaïques et peintures sur fond doré, usage
qui s'est perpétué jusqu'à nos jours dans les
églises des Grecs modernes.

Dans le septième siècle, les papes Honorius,
Séverin, et leurs successeurs, employèrent les
mosaïques jusqu'au dixième siècle. Dans le siècle
suivant, les arts étoient si négligés, que Didier,
abbé du Mont-Cassin, voulant faire travailler
en mosaïque, fut obligé d'appeler des ouvriers
de Constantinople. Depuis ce temps, on vit peu
d'ouvrages de ce genre en Italie, jusquau quatorzième siècle, que Venise devint le véritable

berceau de cet art. C'est là où André Tafi, Florentin, en apprit les élémens du Grec Apollonius. Il établit une école de mosaïque à Florence, de laquelle sortirent Gaddo Gaddi, Vicino de Pise, Alessio Baldovinetti, et une foule d'autres.

Le nom de Baldovinetti nous rappelle la réponse de Graffione, son élève, à Laurent de Médicis, qui vouloit revêtir l'intérieur d'une coupole de stuc et de mosaïque : « Mais, lui » observa Graffione, vous n'avez point d'ar- » tistes habiles dans ce genre. Avec de l'argent » nous en ferons, répliqua le Magnifique. » Le peintre lui répondit : « Ah ! Laurent, ce » n'est point l'argent qui fait l'artiste ; c'est » l'artiste qui produit l'argent. »

Il est à remarquer que si la peinture fit naître originairement la mosaïque, celle-ci, lors de la renaissance, lui rendit le même service ; et comme si l'on avoit craint de perdre cette première étincelle de l'art, on se hâta, pour la rendre durable, d'exécuter de grossiers essais en mosaïque, qui servoient néanmoins de modèles aux peintres italiens. Cependant tous ces ouvrages étoient pour le moins très-médiocres, et s'ils arrivèrent par la suite à un haut degré de perfection, c'est qu'ils suivirent la marche des progrès de la peinture; et comme la mosaïque étoit destinée à copier mécaniquement les tableaux des peintres, à mesure que ceux-ci se perfectionnèrent, les copies durent s'améliorer dans la même proportion.

La mosaïque prit un nouvel éclat dans Rome sous le pontificat de Benoît XII; et c'est aux talens du Giotto, aidé par Memmi de Sienne et par Pierre Cavallini, Romain, qu'on doit ce fameux tableau de la Barque de saint Pierre agitée par les flots; tableau qui éprouva par la suite bien des déplacemens de la part des papes, qui fut même divisé en morceaux, et enfin refait à neuf par les soins du cardinal Barberino, sur le dessin de l'original, et placé dans le porche de Saint-Pierre où on le voit encore.

Vers la fin du quinzième siècle, le Grillandajo termina, à Florence, une magnifique mosaïque, en cubes de verres colorés, qui lui acquit une grande réputation. Bientôt le goût du dessin se perfectionnant, les ouvrages en mosaïque devinrent moins roides dans leurs contours, et le coloris fut mieux entendu. Le nombre des bons *mosaïstes* s'accrut avec celui des bons dessinateurs. Salviati, Florentin, décora, par ce procédé, le portail de Saint-Marc de Venise, d'après les dessins de Maytano; les mosaïques de la façade du dôme d'Orvietto, et celles qu'on exécuta, dans le seizième siècle, à Venise, dans l'église de Saint - Marc, sont attribuées, par Sansovino, aux frères Zuccari. Le Titien perfectionna encore cet art lorsqu'il eut la direction des travaux de Saint - Marc, en faisant exécuter des mosaïques d'après ses immortels tableaux.

A Rome, du temps de Clément VIII, on avoit eu l'idée d'orner l'église de Saint-Pierre de peintures représentant les principaux traits de la vie de cet apôtre, et d'y employer les meilleurs artistes. Mais, comme les tableaux ne pouvoient résister à l'humidité de cet édifice, on se décida, vers le commencement du dix-septième siècle, à exécuter ces peintures en mosaïque. Les plus habiles peintres de cette époque, Cigoli, Passignano, Vanni, Roncalli, Baglione et Castelli, furent choisis pour fournir des cartons, et on leur prodigua les honneurs et les récompenses pécuniaires.

L'art de la mosaïque étoit déjà digne de marcher sur les traces de la peinture, et Baglione attribue à Muziani l'invention du procédé qui consiste à se servir, au lieu de pierres naturelles de diverses couleurs, de cubes ou prismes d'émail qui s'imprègnent de tous les tons de la palette, de manière à rendre la dégradation et le passage des demi-teintes les plus délicates aussi bien que pourroit le faire le pinceau. Les plus beaux ou-

vrages de Muziani sont ceux qui ornent la chapelle Gregoriana.

Sous la direction de cet artiste, on vit travailler Paul Rosetti de Cento, qui fut à son
tour le maître de Marcello Provenzale son com-
patriote.

Le premier tableau d'autel exécuté à Saint-
Pierre le fut par un élève de Provenzale, nommé
J. B. Calandra de Verceil ; il représente saint
Michel, d'après le cavalier d'Arpino. Le même
orna les pendentifs des coupoles sur les cartons
de Romanelli, de Lanfranc, de Sacchi et de
Pellegrini ; mais ne se trouvant pas récompensé
assez magnifiquement de son travail, il se livra
à l'exécution de portraits et de copies d'anciens
tableaux pour des amateurs.

On avoit déjà fait un grand pas vers la perfection de ce procédé ; mais il fut porté au plus
haut degré dans le siècle suivant par les deux
Cristofori, Fabio et Pietro Paolo son fils. Ils
établirent l'école de peinture en mosaïque, à
laquelle on doit les heureux progrès que cet art
a fait jusqu'à nos jours, tant par l'imitation du
style arabesque des anciens, que par la copie des
tableaux des plus grands maîtres.

Des chefs-d'œuvre menaçoient, avons-nous
déjà dit, d'être détruits par l'humidité de l'église
de Saint-Pierre, toute revêtue de marbre, et

adossée à une colline. La mosaïque se chargea de faire renaître, par ce procédé, et de rendre immortels, la *Vocation de saint Pierre*, par Lanfranc, la *Présentation au Temple*, de Romanelli, le *Saint Jérôme* et le *Saint Sébastien*, du Dominiquin, la *Sainte Pétronille* du Guerchin, le *Saint Erasme* du Poussin, etc.

Les souverains pontifes qui occupèrent le Saint-Siége après Clément XI, soutinrent la gloire de la mosaïque, et la copie de la *Transfiguration* de Raphaël, exécutée par ordre du pape Clément XII sur l'un des piliers de la basilique, est l'un de plus nouveaux comme l'un des plus parfaits ouvrages de l'école moderne de mosaïque. Mais les immenses travaux de Saint-Pierre étant désormais terminés, pour encourager cet art et ne pas le laisser tomber, faute d'occasions de l'exercer, on ordonna la copie des plus beaux tableaux pour en orner la célèbre église de Notre-Dame de Lorette.

Il nous reste à donner une idée succincte du mécanisme de la peinture en mosaïque, telle qu'on la pratique à Rome. Les peintres en mosaïque ne sont à proprement parler que des copistes ; mais, dans la pratique de leur art, ils se rendent aussi estimables que bien des inventeurs. Ils doivent être habiles dans le dessin, et connoître tous les secrets du clair-obscur et du coloris, pour rendre fidèlement un sujet quelconque, d'après un tableau ou un carton colorié par un bon maître. Ils y réussissent d'autant mieux que les objets sont moins compliqués et plus larges de composition, et d'effet.

C'est sur les cartons exactement coloriés que le mosaïste doit répartir et distribuer les différens cubes innombrables qui doivent former l'ensemble de sa copie, en observant avec la plus exacte précision, suivant leur place, les différentes nuances qui expriment les ombres et les clairs dont il a besoin. Que ses cubes soient de marbre, de pierres ou de verres coloriés; c'est dans leur répartition ou dans leur taille que consiste en bonne partie l'art du mosaïste.

Parmi les cubes qui entrent dans la composition des tableaux, il y en a de grands, de moyens et de très-petits : ils sont carrés, losanges ou triangulaires; en un mot, ils affectent toutes les formes, pourvu qu'elles soient angulaires, de manière à ce qu'elles rendent les traits et les contours du dessin, et qu'en même temps elles puissent s'appliquer l'une à côté de l'autre sans laisser le plus petit intervalle.

Il y a plusieurs moyens pour débiter ces morceaux en prismes divers, et l'on se sert de roues, de tourets et de platines de plomb ou d'étain qui sont en usage dans la taille et dans la gravure des pierres fines.

Après avoir taillé les prismes ou les cubes, le mosaïste en remplit des boîtes ; il les y dispose par ordre, selon les différentes nuances de chaque couleur ; ensuite il en extrait et rassemble la quantité de cubes qu'il croit pouvoir employer dans la même journée sur un fond de stuc fait avec de la chaux, de la poudre de marbre, de la gomme adragante et des blancs d'œufs. Le stuc ainsi préparé s'applique fort épais sur le mur : comme il reste assez long-temps frais, suivant la saison, on en peut préparer pour trois ou quatre jours, et on le mouille même quelquefois avec des linges, pour lui conserver plus long-temps sa fraîcheur. Le peintre calque alors sur cet enduit, et d'après ses cartons, le dessin qu'il s'est proposé de représenter ; puis il prend avec des pinces les petits cubes de verre, qu'il insère dans le stuc, et qu'il arrange les uns auprès des autres de manière à faire sentir les lumières, les ombres et les différentes teintes ; il se conforme en cela au dessin qu'il a sous les yeux, de façon qu'il n'y ait point de vide entre ces cubes, et qu'ils soient égaux et posés à la même hauteur. C'est ainsi qu'avec le temps, et en polissant enfin la superficie avec du grès d'un grain bien fin et de l'eau, le mosaïste achève son ouvrage, qui, pour être bien rendu, doit paroître uni et terminé comme un tableau.

Les grandes compositions, telles que la Transfiguration d'après Raphaël, ont pour fond de longues bandes de la pierre appelée *piperino*, qui ont toute la largeur du tableau, c'est-à-dire 15 à 16 pieds sur un peu plus de 4 de haut. Et, comme la hauteur totale est d'environ 26 pieds, il faut six de ces bandes de pierre, qui ont 18 pouces d'épaisseur.

Nous avons vu exécuter des peintures, d'une petite dimension il est vrai, par un autre procédé. Sur la table de pierre ou de marbre qui doit servir de fond à la mosaïque, on coule une couche de plâtre d'une certaine épaisseur, et qui est retenue par un cadre en bois ou en métal. C'est sur ce plâtre qu'on dessine le trait du tableau à exécuter; ensuite, avec des outils faits exprès, on creuse et on enlève une partie de ce plâtre, qu'on remplace par un mastic composé à peu près comme celui dont nous avons parlé, mais où il entre une huile siccative.

Ce moyen a peut-être un avantage, celui de conserver aux objets de la composition leurs places respectives; et l'on n'a pas besoin de se servir de portions de calques, qui pourroient se déranger, et ne plus occuper les limites exactes de l'ensemble du dessin.

La mosaïque s'emploie en outre à une foule d'autres usages; et l'on est parvenu par ce moyen à former des bijoux très-délicats. Nous n'entrerons pas dans le détail de cette manutention, qui est d'ailleurs à peu près la même.

Notre objet étant de rendre la mosaïque particulièrement recommandable par son application à de grands et magnifiques objets de décoration, nous ajouterons seulement que les modernes paroissent avoir surpassé les anciens dans cet art, au moins par l'immense proportion de quelques uns de leurs ouvrages. Et il n'est pas de monument antique qui soit ou qui ait été aussi riche en ce genre que la basilique de Saint-Pierre. Qu'on se figure, en effet, douze ou quinze de ces grands tableaux d'autel dont j'ai déjà parlé; et en outre cette vaste coupole qui a plus de 400 pieds de tour, et l'intérieur de la lanterne, dont la capacité entière est d'autant plus magnifiquement revêtue de mosaïque, que tous les ornemens et les figures se détachent sur un fond d'azur, de cristal ou de verre doré au feu. Certes, on doit encourager un genre d'industrie qui produit d'aussi étonnans résultats, et qui lègue à la postérité, la plus précieuse partie de l'héritage de la peinture moderne.

Mais il est un autre procédé, dérivé sans doute du même besoin de conservation, et dont l'origine et l'histoire sont aussi curieuses et beaucoup moins connues. Je veux parler de la *terra invetriata*, et de la *majolica*, qui ont donné naissance à la peinture en émail, à celle sur porcelaine, et peut-être aussi à celle sur verre.

LETTRE XLV.

Plastique moderne, ou *terra invetriata* et *majolica* (terre cuite émaillée, et faïence). — Observations préliminaires sur la plastique des anciens.

L'ITALIE, déjà si recommandable par ses nombreux monumens des arts, nous présente encore dans les travaux multipliés de ses écrivains une mine très-riche à exploiter. C'est en effet aux historiens de cette contrée que nous avons sans cesse recours pour éclaircir tous les points de controverse et de critique relatifs aux arts du dessin ; et nous lui devons surtout la connoissance d'une foule de productions de peinture, de sculpture et d'architecture dont ils ont constaté l'existence, et que les outrages du temps, les dévastations de la guerre ou les voiles de l'ignorance ont fait disparoître.

C'est ainsi que les écrivains d'Athènes et de Rome nous ont transmis les témoignages de la gloire de leurs grands hommes ; et, quelque incomplète que soit cette connoissance, puisque souvent nous ne pouvons juger que par ouï-dire de leur vrai mérite, elle n'en est pas moins utile pour échauffer le génie, et pour exciter l'émulation de nos artistes, qui cherchent, en produisant aussi des chefs-d'œuvre, à se rendre dignes d'occuper à leur tour une place dans l'histoire, qui doit durer plus que leurs propres ouvrages.

L'Italie, aussi soigneuse de sa gloire que la Grèce, n'a point voulu en laisser perdre le moindre témoignage; et si l'exaltation naturelle de l'esprit national l'a portée à tirer de l'oubli jusqu'à des artistes et des productions médiocres, combien ne devons-nous pas néanmoins lui rendre grâces de ce que, même en nous traçant un nom presque inconnu, elle y attache souvent un fait curieux, un procédé utile, ou une leçon profitable à l'historien.

C'est donc en fouillant les trésors de la littérature italienne, que j'ai trouvé les traces d'un art dont je vais donner les détails. Cet art, parvenu dès sa naissance à la perfection sous le rapport mécanique, s'est perdu en étendant ses applications, après avoir fleuri pendant un siècle et demi : nous n'en possédons plus que les résultats, c'est-à-dire des ouvrages exécutés par l'inventeur du procédé et par ses descendans, qui, après avoir hérité de son nom et de son précieux secret, l'ont enfin laissé s'ensevelir avec eux.

Maintes fois j'avois remarqué en Italie des travaux de sculpture qui, sans avoir la finesse et la pureté d'exécution du marbre et du bronze, en offroient la qualité la plus essentielle, la solide consistance. Ils paroissoient même être exempts des impressions de l'atmosphère, qui altèrent et détruisent les métaux et les pierres les plus dures.

L'aspect de ces sculptures de terre cuite, recouverte d'un émail comme la faïence, et par fois de couleurs très-vives, n'avoit d'abord attiré mon attention que superficiellement, et comme un objet plus singulier qu'intéressant. Je les confondois avec ces productions d'une mode ancienne, bizarre, et réprouvée ensuite lorsque le goût s'est épuré.

Depuis, ayant vu de ces sculptures sans vernis et sans couleur, j'y ai reconnu non seulement toutes les finesses et les recherches les plus délicates de l'art quant à l'exécution, mais aussi presque le même degré de solidité que celle du biscuit de porcelaine. Alors je me suis attaché avec plus d'intérét à l'étude de ces monumens d'un procédé qui pourroit avoir des applications très-utiles s'il nous étoit connu. J'ai observé que, même dans les morceaux recouverts d'un émail, ce vernis ne dissimule pas d'une manière sensible les contours, n'empâte point la finesse des travaux, et ne sert qu'à mettre la superficie de la terre à l'abri de la décomposition.

Comparant ensuite ces morceaux précieux avec des fragmens antiques de même nature, je me suis convaincu qu'après avoir retrouvé au quinzième siècle l'un des procédés de la plastique des anciens (1), une coupable indifférence nous avoit privés d'une invention qui étendoit les moyens de l'art en simplifiant les procédés d'exécution, et qui conservoit à cette argile, pénétrée en quelque sorte du feu d'un génie créateur, ce type original qui porte tous les caractères de l'inspiration, et dont le marbre et le bronze ne sont que des copies.

Je n'ai point la prétention de tracer ici l'histoire de l'ancienne plastique ; je me bornerai à un petit nombre de faits qui indiquent le parti que l'inventeur, ou plutôt le rénovateur de cet art chez les modernes, a tiré de l'étude des monumens antiques de ce genre, pour renouveler des procédés dont quelques élémens étoient même conservés par la tradition.

On sait que les anciens faisoient servir la terre à une infinité d'usages : les frontons des temples étoient décorés de statues en terre cuite, et même de quadriges de la même matière. Il existoit encore beaucoup de ces ouvrages du temps de

---

(1) Voir le Recueil de Fragm. de Sculpt. ant., en terre cuite, par M. Dagincourt ; ainsi que les Dissert. de D. Marquez, et du caval. Onofrio Boni.

Pline, tant à Rome que dans les villes munici-
pales : quoique d'une matière commune, ils
sont, dit-il, plus précieux que l'or, par la beauté
du travail, et par leur solidité que le temps n'a
pas altérée.

Il y a tout lieu de croire que ces figures de
terre, ces groupes et ces quadriges, d'une très-
forte proportion, n'étoient pas revêtus d'un
vernis vitrifié, et qu'on ne les garantissoit des
injures de l'air qu'au moyen d'une couche de
couleur encaustique, dont ou recouvroit souvent jusqu'au marbre et au bronze. Cependant,
les anciens travailloient le verre et en faisoient
des choses surprenantes (1). Ils fabriquoient
aussi des émaux, auxquels ils savoient communiquer toutes sortes de nuances : ils réussissoient
même à fixer à leur superficie, et au moyen du
feu, des feuilles d'or et d'argent. Ces émaux
étoient employés dans les mosaïques, dont on
retrouve souvent les précieux vestiges.

La plupart des vases de terre nous offrent
aussi une couverte brillante et solide qui ne nuit
en rien à la légèreté des ornemens de sculpture,
ni à la délicatesse des formes. Pline cite un
nommé Posis, qui exécutoit en terre, des raisins
et autres fruits, des poissons, etc., dont l'imi-

____

(1) Caylus, Recueil d'Antiquités.

tation étoit parfaite. On ne pouvoit y parvenir qu'en donnant à ces objets les couleurs naturelles; et c'est ce qu'on a fait dans le quinzième siècle, comme nous allons l'observer. On cite des figures égyptiennes couvertes d'un émail souvent d'un beau bleu plus ou moins foncé, quelquefois d'un vert léger. On en a trouvé dans les cercueils des momies, et dans le temple d'Isis à Pompeï, qui étoient chargées d'hiéroglyphes. Ces figures sont d'une terre extrêmement fine, quelques unes massives, et d'autres, quoique creuses, n'ont ni voilé, ni gauchi; la couverte est parfaite, quant à son égalité et à sa couleur; et son émail, blanc en dedans et bleu au dehors, ressemble beaucoup à celui de la Chine.

Ces sortes d'objets ne sont point rares; et on présume que cette branche d'industrie étoit assez perfectionnée et fort répandue. Nous pourrions en citer pour preuve, non seulement ces cercueils et ces amphores qui ont conservé après leur cuisson la pureté de leur forme ou de leurs contours, mais encore cet énorme plat qui coûta un million de sesterces à Vitellius, et pour lequel on bâtit un four en pleine campagne. Car, tels ont été, ajoute Pline, les progrès du luxe, qu'une coupe de terre est plus chère qu'un vase murrhin. C'est à ce sujet que Mutien reprochoit à la mémoire de Vitellius ces étangs portatifs, non moins affreux ni moins détestables que cette immense coupe au moyen de laquelle Cassius Sévérus accusoit Asprenas d'avoir fait périr à la fois cent trente convives (1).

Nous avons perdu l'usage de fabriquer et de cuire d'aussi vastes morceaux de terre modelée ; cependant on continua dans le moyen âge de former de très-grandes coupes, ou disques d'argile, recouverts d'un vernis vitrifié, et qu'on plaçoit sur le frontispice des églises. Ces sortes de disques recueilloient, dans leur partie concave, les rayons du soleil, et les réfléchissoient au loin. On en remarque encore à Pesaro sur la façade de l'église de Saint-Augustin, qui sont colorés d'un jaune éclatant ; et, à la cime d'un autre temple, on en voyoit où le jaune et le vert se marioient d'une manière extrêmement agréable.

On fait remonter ces monumens, qu'on peut regarder comme les prémices de la *majolica*, vers la fin du treizième ou le commencement du quatorzième siècle ; et on trouve dans les titres de ce temps qu'il est parlé des potiers de terre, sous le nom de *boccalari* (2).

La plus grande différence qui existe entre les terres cuites antiques et les modernes, se trouve dans le vernis, ou couverte. Les anciens se con-

(1) Pline, liv. XXXV, ch. XII.
(2) Passeri, *Stor. della Pitt. in majolica.*

tentoient de passer sur les vases de terre un simple vernis de chaux de plomb qui procuroit un beau lustre, et les rendoit durables. Mais, vers 1300, on commença à revêtir le vase, encore cru, d'une couche très-mince de terre blanche, qui devoit servir de fond aux couleurs ; et on ne passoit le vernis de chaux de plomb qu'après. On n'usoit pour lors que de quatre couleurs, le jaune, le vert, le noir et le bleu. Ces ouvrages, qu'on désigne sous le nom de mi-faïence, se perfectionnèrent, comme nous le verrons plus bas, à Pesaro, après 1450, sous les princes de la maison de Sforce, qui prirent ces manufac-tures sous leur protection.

Néanmoins, si une tradition confuse avoit conservé le secret de revêtir la terre cuite de quelques couleurs et d'un vernis brillant et du-rable, il y avoit encore loin de ces restes d'un art jadis perfectionné, à sa véritable rénovation qui consistoit à exécuter, avec de l'argile durcie au feu, tout ce que le marbre et le bronze font servir à la décoration des édifices et à la gloire des arts. C'est ce procédé que nous allons voir renaître avec quelque éclat, rester pendant un siècle et demi concentré entre les mains d'une seule famille, et disparoître enfin tout à coup avec le dernier de ses membres, possesseur de ce secret.

LETTRE XLVI.

Notice historique sur Luca della Robbia, inventeur des terres émaillées ; ses descendans et ses imitateurs. Réflexions sur leurs ouvrages, et l'emploi qu'on pourroit en faire.

Un artiste toscan, Luca della Robbia, déjà très-habile sculpteur, jaloux de rendre à la plastique ses anciens avantages, tourna ses idées vers cet honorable but. Il y obtint un tel succès, qu'on n'a pu encore aller au-delà. Et même, le secret de l'*invetriatura* s'étant perdu, c'est en vain qu'on l'a cherché depuis ; et, malgré la hauteur à laquelle se sont élevées les connoissances chimiques, les efforts ont été infructueux pour retrouver le procédé de l'artiste florentin.

Nous devons faire connoître cet homme dont la gloire, qui s'étendoit autrefois jusqu'aux confins de l'Europe, est maintenant obscurcie, et dont le nom et les ouvrages ne sont guère en honneur qu'en Italie, et sont presque inconnus à la France : cet oubli est d'autant plus extraordinaire, que l'*invetriatura* a donné l'impulsion aux autres arts qui en sont dérivés, tels que ceux de la peinture sur verre, sur émail, et, depuis, sur la porcelaine, au moyen desquels les témoignages certains de n/ :e habileté dans les divers genres du bel art de peindre, passeront à la postérité la plus reculée (1).

Luca della Robbia, né à Florence en 1388, ayant de bonne heure annoncé des dispositions pour les arts, ses parens le firent entrer chez un orfèvre, comme c'étoit alors l'usage lorsqu'on vouloit apprendre les élémens du dessin. Luca fit des progrès rapides, sut bientôt modeler et même travailler avec délicatesse le marbre et les métaux. Abandonnant alors l'atelier de son premier maître pour celui du fameux Laurent Ghiberti, son ardeur étoit telle, qu'il passoit la journée entière à la sculpture, et la plus grande partie des nuits à dessiner. A peine âgé de quinze ans, il fut envoyé à Rimini avec quelques autres jeunes sculpteurs, pour exécuter les figures et les bas-reliefs d'un tombeau. Rappelé ensuite à Florence, il fit, en concurrence avec André de Pise, les bas-reliefs qui ornent le campanille *del duomo*, ainsi que les figures et

---

(1) On a vu pendant quelque temps, au bas de l'escalier du Muséum de Paris, un bas-relief en terre *invetriata*, que nous avons cru reconnoître pour l'un des ouvrages de Luca della Robbia. Au moins les amateurs pouvoient-ils y prendre l'idée de ce genre de travail. Mais nous en avons vu en Italie, dont l'exécution étoit plus délicate, les couleurs plus vives et mieux fondues.

les ornemens en marbre et en bronze doré de l'orgue de la cathédrale.

Le succès de ces travaux l'ayant fait trouver digne de marcher sur les traces de Ghiberti, dont on admiroit les célèbres portes du Baptistaire, on lui confia l'entreprise de celles de la sacristie de Santa-Maria del Fiore : elles sont en bronze, divisées en dix compartimens, et autant de bas-reliefs. Cet ouvrage fit honneur à Luca della Robbia. Mais il lui coûta beaucoup de temps et de soins pénibles : ce qui contribua à le dégoûter de la sculpture en marbre et en bronze, et lui fit chercher dans son génie impatient un moyen d'opérer, plus expéditif et non moins solide.

Il pensa que la terre, qui se travaille avec tant de facilité et si peu de fatigue, rempliroit son objet, s'il pouvoit trouver le moyen de donner une grande consistance à cette matière. Encouragé sans doute par l'exemple des anciens, il fit de nombreux essais qui le conduisirent non seulement à perfectionner la terre cuite, mais encore à créer un art nouveau dont les applications multipliées ne tendent pas à moins qu'à immortaliser les productions de la sculpture, et même à étendre cet avantage aux ouvrages de peinture.

Le procédé consistoit d'abord à revêtir les

figures de terre d'un vernis, ou couverte, sorte
d'émail blanc; et son premier essai fut placé
au-dessus de la porte de bronze dont nous avons
parlé. C'est un bas-relief représentant la Résurrection de Notre-Seigneur. Cet ouvrage, indépendamment du mérite particulier de l'exécution, ayant été admiré par la nouveauté du
procédé, on chargea l'auteur d'orner la porte
correspondante d'un autre bas-relief qui représente Jésus-Christ montant au ciel. Dès lors cette
invention fut accueillie avec un applaudissement
universel. Cependant, l'homme de génie, une
fois lancé dans la carrière, ne se contente pas
d'un premier succès : il avance toujours, et il
poursuit sa course vers un but encore éloigné,
mais qu'une sorte d'instinct, ou plutôt sa per-
spicacité, lui fait découvrir, quoiqu'il échappe
aux yeux du vulgaire.

Luca della Robbia chercha à étendre ses idées,
et à donner à son invention tous les perfection-
nemens dont il la sentoit susceptible. Elle étoit
déjà utile; il crut la rendre agréable et précieuse,
en donnant à la terre, au moyen de couleurs
habilement combinées, l'apparence des matières
les plus rares; c'est-à-dire, qu'il voulut imiter
les marbres, le bronze et les autres métaux. Il
réussit au-delà de ses espérances dans un cabinet
de Cosme de Médicis, qu'il orna d'un pavé et

d'une voûte offrant des dessins arabesques où les couleurs les plus vives brilloient d'un éclat qui ne devoit point être terni, comme celui de la peinture, par les variations de l'atmosphère. On juge bien que ce revêtement ne pouvoit se composer que d'un grand nombre de pièces de rapport; mais elles étoient si bien jointes, que le pavé, la voûte et les murs sembloient être d'une seule pièce.

La réputation de ces beaux ouvrages se répandit non-seulement en Italie, mais par toute l'Europe où les marchands florentins transportoient des échantillons de ces sortes d'ornemens peints et sculptés. Bientôt Luca ne put suffire aux demandes qu'on lui faisoit de toutes parts. Il prit avec lui ses deux frères Ottaviano et Agostino pour l'aider; et le grand profit qu'ils en retirèrent leur fit abandonner entièrement la sculpture en marbre et en bronze dans laquelle ils étoient habiles. Les travaux multipliés, sortis de l'atelier de Luca della Robbia, étoient aussi recherchés en Espagne et en France qu'en Italie. Pierre de Médicis l'occupoit surtout en Toscane; et la ville de Florence conserve encore de cet artiste une multitude d'objets, qui, après avoir traversé quatre siècles, sont aussi remarquables par leur belle conservation que par le goût et même le style du dessin.

Parmi les églises qui sont ornées soit de bas-reliefs ou d'autres sculptures de Luca della Robbia, nous citerons l'ancien temple de *San-Miniato al monte*, proche Florence, qui possède plusieurs pièces qui font l'admiration des amateurs, et, entre autres, la voûte de la chapelle de Saint-Jacques où est enterré le cardinal de Portogallo. Cette voûte offre quatre pendentifs, représentant les quatre évangélistes ; au centre, on voit le Saint-Esprit resplendissant de lumière ; le reste de l'espace est rempli par des écailles qui tournent avec la voûte, et dont la grandeur diminue peu à peu jusqu'au centre.

La célèbre chapelle des Pazzi, à Sainte-Croix, est aussi enrichie, sur les dessins de Brunelleschi, d'une grande quantité de figures et d'ornemens en terre *invetriata*.

Il paroît que jusqu'alors la plupart de ces ouvrages étoient en relief et coloriés, et que Luca della Robbia n'avoit guère exécuté à plat que des ornemens arabesques ; mais, voulant faire participer la peinture au bénéfice de son ingénieuse découverte, il essaya de peindre des figures avec les mêmes couleurs, et sur une grande surface plane de terre cuite. Il en fit l'expérience dans un médaillon qu'on voit encore sur le tabernacle de l'église d'*or San-Michele*, de Florence.

Ayant aussi exécuté, pour le tombeau de l'évêque de Fiesole, des figures en relief de grandeur naturelle, il peignit sur les pilastres, et à plat, des guirlandes de feuillages et de fruits, si naturellement touchés et coloriés que la peinture à l'huile n'auroit pu rendre mieux la dégradation des ombres, le fondu des couleurs, et la force du relief.

On doit regretter vivement que la mort ait arrêté Luca della Robbia dans le cours de ses découvertes, qui étoient si près de la perfection. Il avoit déjà commencé de vastes compositions historiques peintes de cette manière; elles restèrent imparfaites, et l'on n'en retrouva que les morceaux dans son atelier. On en pouvoit augurer cependant qu'il auroit réussi, comme il se le proposoit, à immortaliser, pour ainsi dire, les productions de la peinture.

Qu'on nous permette de suivre encore un moment l'histoire des successeurs de Luca della Robbia, qui, bien que dispersés dans divers pays, n'en conservèrent pas moins la tradition de l'*invetriatura*.

Après la mort de leur frère, Ottaviano et Agostino continuèrent de travailler par le même procédé, mais sans faire faire un pas de plus à cet art. Cependant Agostino orna, en 1461, à Péruggia, la façade de San-Bernardino, avec des bas-reliefs et des figures de ronde bosse de *terra invetriata*.

André, neveu de Luca della Robbia, fut un bon sculpteur en marbre. Mais il travailla aussi en terre cuite, et fit pour le couvent de la Vernia plusieurs bas-reliefs coloriés qui se sont conservés parfaitement dans cette solitude, placée sur l'un des points les plus élevés de l'Apennin, et où le froid et l'humidité auroient détruit en très-peu de temps toute autre espèce de peinture.

Andrea della Robbia exécuta une infinité d'autres ouvrages de terre émaillée pendant sa longue carrière qu'il ne termina qu'en 1528, à l'âge de quatre-vingt-quatre ans. Andrea del Sarte a fait son portrait, qui offre un beau vieillard au regard fier et d'une tournure superbe. Il estimoit tellement sa qualité d'artiste, et il avoit une telle vénération pour ceux qui se distinguoient dans cette carrière, qu'il se glorifioit d'avoir été un des artistes chargés de porter le cercueil du fameux Donatello.

Andrea della Robbia eut plusieurs enfans qui s'adonnèrent aux arts, et qui conservèrent précieusement le secret de l'*invetriatura*. L'un d'eux, nommé Jean, fit, en 1524, une figure de vierge de grandeur naturelle, entourée de chérubins, et d'un ornement de feuillages et de fruits coloriés. On lui attribue aussi le pavé des loges du Vatican, dont il existe encore quelques parties intactes.

Jérôme, l'un des fils de cet artiste, également sculpteur, travailla le marbre et le bronze en concurrence avec le Sansovino, Baccio Bandinelli, et autres artistes célèbres du seizième siècle. Appelé en France par François Ier, il apporta dans notre patrie le secret de son aïeul, et orna de terres cuites coloriées le château de Madrid dans le bois de Boulogne (1). Nous nous rappelons avoir vu les pavés, et jusqu'aux murailles de cet édifice, revêtus de ces carreaux de véritable faïence, qui offroient de très-jolis dessins (2). Plusieurs cheminées étoient entourées de figures, de bas-reliefs, d'accessoires et de devises en terre cuite émaillée ; et d'autres ornemens de la même matière étoient employés à la décoration architectonique de ce château, l'un des plus curieux monumens des arts dont nous ayons à nous reprocher la destruction. On dit aussi que le même artiste italien bâtit un autre palais, qu'il orna de beaucoup de sculptures et de figures exécutées avec une pierre ressemblante à l'albâtre de Volterre par la faci-

____

(1) Et non de Marli, comme on l'a écrit par erreur dans la nouvelle édition de Baldinucci.

(2) Vasari, *Vit. di Luca della Robbia.*

lité avec laquelle on la travaille, mais qui durcit ensuite à l'air.

Il auroit été à désirer que Vasari, qui nous fournit ce détail, eût désigné un peu mieux le lieu où ce monument fut construit, et la nature de la pierre dont il est question.

Quoi qu'il en soit, Jérôme della Robbia laissa dans tout le royaume, et particulièrement à Orléans, des témoignages de ses talens variés. Ayant acquis beaucoup de renommée et de richesses, il appela son frère, qui étoit en Italie, pour le faire jouir de sa fortune, et lui donner les moyens de se faire connoître à son tour. Ce frère étant mort bientôt après, Jérôme, resté seul de sa famille, suivant Vasari, voulut retourner à Florence pour y finir tranquillement ses jours ; mais le duc Cosme de Médicis, pour lors occupé plus sérieusement de la guerre de Sienne que des arts, ne l'ayant pas accueilli avec cette distinction qu'il méritoit, il revint en France où il termina ses jours.

Vasari prétend qu'avec lui la famille della Robbia s'éteignit complétement, et qu'il emporta au tombeau le secret de l'*invetriatura*. Ces deux allégations sont combattues par Baldinucci, qui nous apprend que Jérôme eut un fils marié en France, et dont les enfans ne firent que changer leur nom, sans renoncer pourtant aux armoiries des la Robbia; il ajoute que cette famille donna long-temps à notre patrie des militaires et des magistrats estimés. Le même historien dit aussi qu'une branche de cette famille, restée en Italie, s'illustra également dans ce pays, et s'allia même à celle des Popoleschi ou Barberini, qui donna à l'église un pape célèbre sous le nom d'Urbain VII. On compte aussi plusieurs prélats du nom della Robbia, dont le dernier, mort en 1645, étoit évêque de Cortone et de Fiesole (1).

Il y a tout lieu de croire que le procédé de l'invétriature se conserva dans les deux branches de cette famille. On sait au moins qu'il passa entre les mains d'Andrea Benedetto Buglioni, qui vivoit du temps de Verrochio, et qui avoit épousé une fille de la maison della Robbia. Buglioni exécuta, dans l'Etat de Florence, plusieurs travaux par ce procédé. Son fils, Santi Buglioni, possédoit aussi ce secret, qui ne fut enfin totalement perdu qu'à sa mort, arrivée en 1565 (2).

Cent après, Antoine Novelli, sculpteur, es-

---

(1) Baldinucci rapporte les documens au moyen desquels il combat Vasari; et il trace même l'arbre généalogique de cette famille célèbre.

(2) Il est étonnant que Vasari ne parle pas de cet artiste, qui étoit pourtant son contemporain, puisqu'il ne mourut lui-même que quatorze ans après.

saya de faire revivre le secret de la Robbia; il exécuta même, en terre cuite émaillée, un bas-relief d'une moyenne proportion; mais la pâte n'étoit pas aussi blanche ni les couleurs aussi vives que dans les ouvrages anciens. Aussi renonça-t-il bientôt à cette manipulation qu'il prétendoit plus difficile que celle du marbre; et, depuis, personne n'a tenté de marcher sur ses traces.

Cependant Lucca della Robbia n'avoit imaginé l'*invetriatura* que pour éviter la fatigue et les longueurs des autres procédés; et l'énorme quantité des travaux qu'il exécuta, dans un espace de temps assez court, peut faire juger de la facilité d'exécution de ces sortes de sculptures. On doït donc regretter la perte d'un procédé qui a tant de rapport avec la plastique des anciens, et dont, à leur exemple, nous pourrions encore faire des applications aussi nombreuses qu'utiles.

Qu'on ne croie pas que je veuille faire entendre que les ouvrages de *terra invetriata* pourroient remplacer ceux de marbre et de bronze. Quoiqu'on puisse dire avec Winkelmann que les terres cuites, étant exécutées par l'artiste même, ont l'avantage d'offrir sa première idée tout entière, et qu'elles conservent souvent mieux le cachet du maître que les copies en marbre, réfroidies par la main d'un élève ou d'un ouvrier à gages, néanmoins, l'usage de l'*invetriatura* devenoit dangereux par sa grande facilité d'exécution; et ce fut même un bonheur pour l'art que le secret de ce procédé ait été gardé soigneusement dans la famille de Luca della Robbia. Car les autres artistes, suivant son exemple et celui de ses frères, qui, fort habiles, abandonnèrent la sculpture en marbre et en bronze, auroient, comme eux, déserté les autels du bon goût, et seroient tous devenus des figuristes.

On ne peut en effet se le dissimuler : le goût frivole d'ornemens où l'on réuniroit à la sculpture tous les prestiges de la couleur, feroit un tort irrémédiable à la statuaire. Quoiqu'on trouve, dans les monumens antiques, de beaux exemples de cette union forcée, cependant notre estime pour les talens de Luca della Robbia ne nous empêche pas de croire que si son procédé eût prévalu sur la sculpture en marbre, la seule digne de transmettre les œuvres du génie, nous n'aurions, au lieu des productions des Donatello, des Michel-Ange et des Jean de Bologne, que des travaux, faciles, il est vrai, mais exécutés de pratique, et où la faculté de produire l'illusion, au moyen des couleurs, auroit fait oublier les grands principes de l'art. En effet, plus ils sont difficiles dans leur application, plus il y a de mérite à surmonter ces obstacles ; et l'on doit savoir d'autant plus de gré à l'artiste, qu'il a mieux vaincu la résistance que lui oppose la dureté du marbre, en l'amollissant pour ainsi dire, et en faisant oublier l'uniformité de sa couleur. Si, loin de se rebuter par la lenteur de l'exécution de son travail, il est parvenu à lui conserver tout le feu d'une première inspiration, on admire dans ses ouvrages cette beauté qui est le résultat du génie, mûri par la sagesse et la réflexion.

Néanmoins, avant de blâmer les anciens de ce qu'ils ont employé plusieurs matières hétérogènes dans la composition de quelques unes de leurs statues, il faut peser et apprécier leurs motifs. Ne confondons pas cette concession faite à un goût populaire, avec le libre assentiment du vrai goût du beau, dont les mêmes artistes ont fait profession en se servant, pour leurs ouvrages les plus parfaits, de marbre ou d'autres matières d'une seule nature et d'une couleur uniforme.

S'ils ont revêtu quelques figures des plus riches couleurs, doit-on en cela leur attribuer l'intention d'imiter la nature ? Non, sans doute. Leur unique but a été de plaire à la multitude, qui n'estime souvent un objet qu'en raison du prix de la matière. Peut-être aussi ont-ils été forcés de se conformer à la volonté des ministres de la religion, qui, chargés de conserver et de renouveler les plus antiques images, crurent ne pouvoir, sans une espèce de sacrilége, rien changer à l'aspect souvent fort bizarre de leurs divinités.

Ne sait-on pas que, lorsqu'il fut question de la célèbre statue colossale de Minerve, Phidias vouloit qu'elle fût de marbre, cette matière faisant mieux ressortir les perfections de l'art ; mais le peuple d'Athènes s'écria : « Nous la » voulons non seulement belle, mais de la plus » grande richesse ; » et l'artiste, forcé de se conformer à cet ordre capricieux, composa sa statue d'ivoire et d'or, et il y employa même jusqu'à des pierreries? Le Jupiter olympien offroit dans ses accessoires une bien plus grande diversité de matières précieuses ; et la peinture se réunissoit même à la sculpture pour enrichir cette composition.

Certes, ce n'étoit point, je le répète, pour donner à son ouvrage une plus grande ressemblance avec la nature, que Phidias eut recours à ces moyens ; car, si tel avoit été son but, il se seroit contenté d'exécuter son ouvrage en marbre blanc : il y auroit ensuite ajouté, au moyen de la peinture encaustique, les teintes locales, et jusqu'aux nuances que nous imitons si facilement dans ces figures de cire dont on fait des portraits d'une effrayante ressemblance, mais dont le mérite se borne à cette qualité si aisée à acquérir lorsqu'on a un peu d'adresse et d'intelligence.

On ne peut accuser que les Romains d'avoir voulu donner à la sculpture un degré d'imitation plus sensible, en se servant de marbres ou de pierres colorés. Ils firent en effet des camées où l'on cherchoit, dans les accidens des agates, une sorte d'analogie avec les objets qu'on vouloit représenter. C'est dans ce même dessein qu'un statuaire choisit un marbre qui semble taché de sang (1), pour mieux figurer Marsyas.

Citerons-nous aussi ces bustes dont le visage étoit de marbre blanc, les cheveux et la barbe de marbre noir, les vêtemens de porphyre ou de jaspe, les ornemens de bronze doré, et où des pierres resplendissantes étoient incrustées dans l'orbite des yeux ?

On alla plus loin dans les siècles de décadence : nous n'en voulons pour exemple que cette figure colossale de Théodoric, érigée dans le Forum de Naples (2), et qui étoit un composé de fragmens de pierres de différentes couleurs,

____

(1) Cette statue se voit dans le corridor de la galerie de Florence.

(2) Proc.; *Guerra Gotica*, *lib. I*.

ou plutôt de ces émaux taillés par petits cubes dont on formoit les mosaïques. Enfin, nous ne parlerons pas de ces statues de saints personnages, quelquefois réunies en groupe, et offrant, au moyen des couleurs dont elles étoient revêtues, des scènes d'une vérité si parfaite, qu'on croyoit voir autant d'acteurs frappés d'une subite immobilité au moment qu'ils représentoient l'une de ces actions mystiques connues sous le nom de mystères.

Ce n'est donc qu'à mesure que l'art s'est dégradé, qu'on a voulu allier forcément la peinture avec la sculpture, pour ajouter un degré de plus à l'illusion. Nous croyons avoir prouvé que tel n'étoit pas le but des Grecs, à moins qu'on ne considère l'alliance de l'or à l'ivoire comme un acheminement vers cet usage barbare.

Quoi qu'il en soit, je ne me permettrai pas de rejeter trop légèrement et de blâmer avec dédain ce qui s'éloigne de nos mœurs et de notre manière de voir habituelle (1). Peut-être même, en certains cas, ajouteroit-on un charme de plus à l'architecture, et même à la sculpture, en

____

(1) Ce Mémoire étoit fait et avoit été lu à l'Institut avant la publication de l'important ouvrage intitulé : *Le Jupiter Olympien, ou l'Art de la Sculpture antique, considéré sous un nouveau point de vue;* et dans lequel M. Quatremère de Quincy a réuni, sur la sculpture

employant avec sobriété quelques uns des inno-
cens artifices en usage chez les Grecs, ce peuple
si renommé par son savoir, et par ses talens,
et dont le goût pur nous sert encore de guide.

L'architecture s'enrichiroit de quelques uns
de ces procédés; et le mélange des marbres
avec le bronze et l'or ne peut être proscrit entièrement, sans ôter à cet art l'un de ses grands
moyens de décoration.

La sculpture ne supporteroit de pareils ornemens qu'avec une extrême réserve et une
parfaite intelligence. Cependant le bronze re-
haussé d'or ne choque point les regards : pourquoi ne permettroit-on pas au statuaire (et
un célèbre artiste moderne en a fourni déjà
l'exemple, peut-être trop amèrement critiqué);
pourquoi, dis-je, ne pourroit-on pas ajouter au
marbre quelques ornemens accessoires de bronze
doré, surtout ceux qui, par leur extrême ténuité,
ne sont pas susceptibles d'être exécutés sans un
danger manifeste, avec une matière cassante,
telle que le marbre et la pierre?

Au reste, ce n'est, je le répète, qu'avec une

---

polychrome, tout ce que les recherches les plus érudites, et les
conjectures les plus ingénieuses pouvoient fournir sur cette partie
de l'art antique, si peu connue jusqu'à ce jour. On y trouvera les
raisons qui ont déterminé les anciens dans l'emploi de diverses
matières pour la confection de leurs statues ; et le véritable aspect
sous lequel on doit considérer l'union de la peinture à la sculpture.

grande discrétion qu'on peut user de ces moyens, et il faut beaucoup de talent pour les faire excuser. Il seroit à craindre qu'employés par la médiocrité, ils ne servissent à dissimuler les défauts d'exécution, et à capter à peu de frais les suffrages et les éloges des amateurs peu instruits; et qu'ils ne devinssent un auxiliaire au moins ridicule, s'il n'étoit dangereux et destructif de toutes les règles de l'art et du bon goût.

Ainsi, quoiqu'en établissant en principe que tout ouvrage de sculpture teint de couleurs artificielles, dans le but d'imiter la nature, doit être repoussé comme indigne de la majesté de l'art, ne pourroit-on pas au moins restituer à la sculpture d'ornement une partie de la pompe et de la richesse que les Grecs ne craignoient pas d'y ajouter au moyen de l'opposition de quelques couleurs et de matières diverses.

La *terra invetriata* deviendroit en ce cas d'une utilité extrême par les élémens durables dont elle se compose, et par les couleurs inaltérables dont on peut la revêtir pour lui donner l'apparence du bronze et des marbres les plus précieux. Elle les remplaceroit même à peu de frais dans quelques objets de décoration, qui, vus à une certaine distance, n'exigent pas le fini et la recherche d'exécution qu'on est souvent forcé de négliger pour obtenir de l'effet.

Pour cela, il faudroit faire revivre le procédé de Luca della Robbia, qui étoit applicable à des objets d'une grande proportion. Nous avons bien conservé, je ne dirai pas l'art, mais la routine de repousser des sculptures de terre dans un moule, et de les durcir au feu; mais ces objets ne sont pour l'ordinaire que d'une petite dimension, ainsi que d'une matière et d'un travail fort grossiers, comparés à ce qui nous reste des ouvrages antiques en ce genre, et surtout à ceux du quinzième siècle. Ces objets, déjà très-médiocres, deviennent encore plus mauvais lorsqu'ils sont exposés à l'action du feu, qui opère la retraite inégale de la matière, altère le contour et la proportion des figures, et les fait fendre ou se déjeter. Aussi a-t-on presque renoncé à cette manipulation qui n'offroit que des inconvéniens, depuis qu'on a perdu la trace des procédés qui en assuroient autrefois le succès.

Cependant la plastique pourroit nous fournir des élémens d'une nouvelle nature pour la décoration des édifices; et multiplier les occasions si rares d'y introduire de la sculpture, dont l'emploi n'est considéré maintenant que comme un luxe extrêmement dispendieux, mais que sa multiplication au moyen de moules rendroit d'un usage plus général et plus adapté aux fortunes médiocres.

Elle remplaceroit surtout, avec un immense avantage, ces décorations extérieures que, par économie, nous n'exécutons qu'en stuc ou en plâtre. Ce ne sont maintenant que les princes et les riches qui peuvent jouir du simulacre des arts antiques et modernes dans des copies en marbre et en bronze ; le simple particulier ne peut avoir dans ses appartemens, dans ses jardins, et pour décorer l'extérieur de sa retraite, que des bas-reliefs ou des statues d'une matière fragile, et qui durent à peine pendant quelques années. C'est en vain qu'on les recouvre de plusieurs couches d'huile bouillante, de peinture et de vernis, pour les préserver de l'humidité dont le plâtre est avide, et de la gelée, qui ne finit pas moins par les faire éclater, se fendre, et tomber en poussière ; tandis que les ouvrages de terre *invetriata* se conservoient intacts dans les lieux les plus humides, et qu'ils bravoient aussi bien les frimas, qu'ils avoient su résister, sans se déformer, à l'action d'une violente chaleur.

Ne seroit-il donc pas à désirer qu'on fît de la terre cuite, non plus l'objet d'un travail mécanique, mais d'un art dirigé par l'artiste même ? Alors on pourroit rendre la plastique à ses anciens usages, c'est-à-dire, la faire servir à la décoration des édifices ; surtout dans les lieux où les eaux et l'humidité de l'atmosphère altèrent promptement la pierre, le marbre et même le bronze.

Mais il faudroit qu'un habile sculpteur consentît à redonner de la considération à un genre abandonné, mal à propos, à des figuristes. L'on peut se convaincre, en examinant avec attention les bas-reliefs de terre cuite dont il nous reste de nombreux fragmens, que, chez les anciens, les plus célèbres statuaires ne dédaignoient pas de soigner ce genre de décoration (1). Et l'on peut même avancer que ces ouvrages de plastique sont en général bien au-dessus de la plupart des bas-reliefs en marbre, qui, pour l'ordinaire, ne sont que des répétitions de bons originaux, défigurés par d'ignorans praticiens, tandis que les terres cuites nous transmettent, d'une manière bien plus exacte et même identique, la contre-épreuve des ouvrages originaux.

Pour compléter mon travail sur la *terra invetriata*, il me reste à parler d'une dérivation de cet art, qui, à la mort de Luca della Robbia, resta imparfaite, et qui consistoit à tracer

____

(1) M. Dufourni, membre de l'Académie des Beaux-Arts, possède un grand nombre de ces belles sculptures. Et le dernier ouvrage de M. Dagincourt, intitulé : *Recueil de Fragmens de Sculpture antique, en terre cuite*, donne des renseignemens très-curieux, et bien propres à faire apprécier ces productions de la plastique.

sur la terre cuite des dessins et même des tableaux recouverts d'un vernis vitrifié. Cet art,
que les Italiens nomment peinture *in majolica*, fera l'objet de la dernière partie de ce
Mémoire.

LETTRE XLVII.

Origine de la peinture in majolica*, ou sur faïence ; et description des plus célèbres ouvrages en ce genre.*

Nous avons vu Luca della Robbia laisser à sa famille le secret de la *terra invetriata*, et lui indiquer celui de la majolica que la mort l'empêcha de pousser jusqu'à sa perfection. Il y arriva cependant par la suite. Raphaël, Jules Romain, et d'autres peintres célèbres, n'ont pas dédaigné de fournir des sujets, et même de prêter, dit-on, leur ministère, pour orner des vases exécutés par ce procédé. Ils les ont ainsi rendus dignes d'appartenir à des souverains ; et les amateurs en font encore le plus grand cas, bien que la porcelaine moderne nous offre une matière plus précieuse, ainsi que des couleurs et des dessins plus variés, sans être d'un meilleur goût.

On présume (1) que l'un des descendans de Luca della Robbia, appelé par les princes de Pesaro, y introduisit le goût de la majolica, et peut-être

(1) J. B. Passeri, dans une dissertation insérée dans la *Nuova Raccolta Calogeriana*, vol. IV, parle de l'origine de l'art de la majolica à Pesaro ; de ses progrès, des causes qui contribuèrent

établit une manufacture, qui devint par la suite l'une des plus célèbres de l'Italie. Dans cette même ville, qui possède en effet un grand nombre de bas-reliefs, et autres ouvrages en terre émaillée, les anciens avoient déjà fabriqué des vases, des amphores, des lampes, des figures votives, et même des statues de grandeur naturelle en terre cuite ; et on a trouvé, en fouillant le terrain, une grande quantité de ces objets mêlés avec des médailles étrusques ; ce qui dénote que les uns et les autres appartenoient à ce peuple industrieux. La matière première de ces ouvrages est de différentes couleurs, suivant celles des filons de terre dont ils ont été composés. Il y en a de couleur jaune, verte, d'un rouge de sang, d'une teinte incarnate et rosée, d'un très-beau blanc, d'un noir de velours ; enfin cette terre, dont on se sert encore aux mêmes usages, est d'une incomparable finesse, et passe pour la meilleure de l'Italie. Aussi Pesaro en fait un grand commerce.

à son état de perfection et à sa décadence. Il étudia aussi lui-même le mécanisme de cet art, et rechercha la nature des couleurs et des vernis, dont il donne plusieurs recettes. Mais il ne parle guère que des manufactures de Pesaro. Baldinucci et Lanzi, *Storia Pitt.*, vol. II, pag. 66, me fournissent des détails plus généraux ; et j'aurois trouvé sans doute des matériaux curieux dans le Traité sur l'*Arte de Vasari*, du cavalier Cipriano Piccolpassi, de Castel-Durante ; mais je n'ai pu me procurer cet ouvrage, qui est peut-être resté manuscrit.

Au quinzième siècle, l'argenterie étoit peu en usage, la porcelaine de la Chine étoit inconnue; aussi l'art de la poterie commença à se perfectionner. Comme chaque petit Etat avoit l'amour propre de surpasser ses voisins en industrie, cette rivalité tourna au profit des arts. Pour ne parler que de celui qui nous occupe en ce moment, on vit s'élever des manufactures de majolica à Gubbio, à Urbin, à Fermignano, à Castel-Durante, et dans plusieurs autres villes de l'Italie.

Vers 1500, un potier de terre nommé Marco Giorgio, de Gubbio, qui avoit fait pour les Dominicains de cette ville une statue de saint Antoine abbé, modelée avec goût et coloriée avec délicatesse, exécutoit des coupes peintes et sculptées. On en voit dans le cabinet des curieux, avec son nom et la date de la fabrication. Il travailla jusqu'en 1537.

Dans le même temps on cultivoit cette branche de la plastique à Urbin, et celui qui fut le plus habile en ce genre se nommoit Frédéric Brandini. On peut s'en convaincre en voyant la crèche qu'il fit pour l'église de Saint-Joseph. Lanzi prétend que Begarelli, de Modène (1),

---

(1) Hist. Pitt., vol. IV, pag. 33, Vasari raconte que Michel-Ange disoit des ouvrages en terre cuite de cet artiste : *Se questa*

n'auroit pas mieux rendu la vivacité et la grâce des figures, la variété et la justesse des attitudes, et la vérité de nature des accessoires : les animaux surtout paroissent animés.

Cependant les fabricans d'Urbin n'avoient pas encore perfectionné les vases et les coupes vernissés, et l'on ne cite parmi ces potiers qu'un nommé Rovigo. Les peintures étoient variées, mais peu élégantes. Elles consistoient en arabesques ou méandres, et l'on dessinoit au fond de ces coupes les armoiries des familles ou celles du prince. Dans quelques autres ouvrages un peu plus recherchés, on représentoit en buste les figures des dieux de la fable, le portrait des souverains et de leurs épouses. Les traits se détachoient en noir sur un fond blanc, et l'on ne plaçoit des couleurs que sur les vêtemens.

Le style de ces premiers ouvrages étoit sec et aride : les figures, au simple trait, sans ombres ni demi-teintes ; mais si le dessin repoussoit par sa grossièreté, en revanche, le vernis dont on le recouvroit étoit admirable, et il n'a pu être imité depuis, quoique l'art eût fait de grands progrès. Si on le présente au soleil sous certains aspects, ce vernis a le chatoyant de la nacre, et

---

terra diventasse marmo quai alle statue antiche. Begarelli, né vers 1498, mourut en 1565.

il jette des reflets imitant les feux du diamant. Le vernis jaune avoit l'apparence de l'or, et offroit de plus, à sa superficie, les couleurs de l'iris.

Bientôt on orna le bord des vases avec des filets d'or et d'argent, que le vernis garantissoit ; tandis que la couche de ces métaux que nous plaçons sur la porcelaine, demeurant à nu, le moindre frottement est dans le cas de l'user et de la faire disparoître.

A la même époque on faisoit des plats dont le fond, orné de fruits, de masques ou d'armoiries, étoit en relief colorié ou doré sur champ blanc. On joignoit aussi aux figures, des devises ou autres inscriptions en latin ou en italien. On y remarque un procédé de dorure qui est perdu, et qui offre une sorte de phénomène optique. Cet or, si on le regarde verticalement, est d'un jaune extrêmement pâle ; si au contraire on le voit horizontalement, il brille de tout son éclat, et les ressauts du relief offrent la couleur des rubis ou des émeraudes. Dans les premières productions de la majolica, on trouve aussi une teinte rouge d'une vivacité extraordinaire ; le secret en passa vers 1518 à la manufacture de Gubbio, et se perdit trente ans après.

Jusqu'en 1530, toutes ces peintures sont sèches de touche, crues de couleur : on voit ensuite le dessin s'améliorer, acquérir de la grâce, faire des progrès dans le clair-obscur, et dans la fonte et la dégradation des teintes ; enfin cet art atteignit sa perfection en 1540.

Les vases exécutés à cette époque par Orazzio Fontana, d'Urbin, rivalisent, pour la beauté de la couverte, le dessin des figures et l'élégance des formes, avec les plus beaux vases antiques. Cet artiste exerça son industrie dans plusieurs villes de l'Etat d'Urbin, et particulièrement à Castel-Durante, aujourd'hui Urbania, où l'on trouve une terre fine et légère propre à cet usage. Son frère Flaminio, qui travailloit avec lui, ayant été appelé à Florence, y introduisit le procédé de la majolica. C'est alors qu'on exé-cuta de très-beaux pavés en faïence, sur lesquels on peignoit de grandes figures et des sujets histo-riques. Après avoir relevé exactement sur papier le plan de la chambre, on y traçoit autant de carreaux qu'il devoit y en avoir dans la pièce ; on y dessinoit ensuite le sujet de manière que les têtes, les mains et les pieds des figures se trou-vassent inscrits chacun dans un carré, sans d'ail-leurs s'embarrasser si le joint coupoit les drape-ries ou toute autre partie moins importante. Ce dessin étoit ensuite transporté sur les carreaux même ; et on exécutoit, par ce moyen, des compositions assez compliquées. On trouve encore dans le palais de Castel-Durante, des pavés qui offrent des têtes grandes comme nature et d'un très-beau caractère. Les ouvriers de cette manufacture portèrent leur industrie au loin, depuis Corfou, jusqu'en Flandres. Enfin, Rimini, Faenza, Forli, Bologne, Ravenne, Ferrare, Perouze, etc., virent s'établir des manufactures de majolica, dont chacune avoit des procédés qui lui étoient propres, et qui formoient en quelque sorte, pour le style, autant d'écoles différentes.

Mais la ville de Pesaro étoit comme le centre et le foyer du goût en ce genre : les ouvrages qui sortoient de sa manufacture se faisoient remarquer par le choix des sujets, l'élévation des idées, l'érudition même qui y étoit répandue ; enfin, par la parfaite exécution du dessin et même du coloris.

On avoit d'abord suivi la manière sèche et gothique de Timoteo Viti, peintre assez correct, mais dont les figures étoient roides et sans mouvement. Mais, les dessins et les estampes de Raphaël et de son école commençant à se répandre, le style des peintures en majolica s'en ressentit ; et on exécuta en ce genre de si belles choses, qu'on crut que Raphaël lui-même y avoit travaillé.

Le goût éclairé du duc Guidobaldo II della Rovere, influa beaucoup sur celui de ses sujets.

Il établit, en 1538, des fabriques de *majolica* à Pesaro, et les prit sous sa protection spéciale; il s'occupa lui-même manuellement de cet art, et il fit présent de ses ouvrages à tous les grands souverains de l'Europe. Enfin il donna à cette poterie perfectionnée le nom de porcelaine (1).

A la mort de François Marie, dernier duc d'Urbin, cette précieuse vaisselle passa au souverain de la Toscane, qui envoya les vases de la célèbre apothicairerie du Palais, à Lorette, où ils furent placés dans le trésor. On les y admiroit encore dans le siècle dernier; et la reine Christine de Suède trouva cette collection d'un si grand prix, qu'elle offrit de la remplacer par autant de pièces semblables en argent.

Guidobaldo avoit recueilli un nombre considérable de dessins de Raphaël et de ses élèves; il les donnoit pour modèles à ses manufactures, particulièrement à celle qui travailloit pour son propre compte, et il y entretenoit de véritables artistes pour les copier. On cite plusieurs de ces vases où l'on voit de fort belles compositions, telles que l'incendie du Bourg, la ruine

---

(1) Le nom de porcelaine, que l'on donne seulement à la poterie de la Chine, qu'on a imitée depuis en Europe, et qui y est maintenant si commune, n'est point un mot chinois. Cambert assure qu'il vient du mot portugais *perçolana*, qui signifie vaisselle ou poterie de terre.

de Troie, et le Jugement de Pâris, gravés par Marc-Antoine ; Moïse enfant retiré des eaux, et l'Ange qui apparoît à Sara, sujets qu'on admire aux loges du Vatican.

Ces copies sont quelquefois un peu différentes des originaux, et les changemens semblent devoir être sortis de la main d'un bon maître. Peut-être marquent-elles autant d'essais divers que Raphaël a ensuite perfectionnés, et qui n'en sont que plus précieux pour l'histoire de l'art, puisqu'ils font voir pour ainsi dire les degrés par lesquels cet homme de génie s'élevoit à la perfection. Ces porcelaines nous conservent aussi beaucoup de compositions qui n'ont jamais été exécutées par les procédés ordinaires, et qui portent évidemment, dans le caractère des têtes, le style de ce maître. Au surplus, elles ont été calquées sur ses propres dessins, qui furent ensuite dispersés et perdus pour ainsi dire dans les collections particulières.

On a fait plusieurs contes sur le père de Raphaël et sur lui-même à l'occasion de ces vases ; de là encore le surnom de *Bocalajo* d'Urbin dont on l'a généreusement gratifié. Lanzi trouve l'origine de cette dénomination dans le nom d'un Raphaël Ciarla, qui est un des plus habiles peintres de faïence ; et dans la quantité de vases qu'il fit pour l'Espagne. Ce nom peut avoir donné lieu à la méprise, parce qu'on aura dit alors : Ces ouvrages sont de Raphaël; et le vulgaire, toujours porté à exagérer, et saisissant avidement l'équivoque, aura ajouté qu'ils étoient du grand Raphaël d'Urbin.

On retrouve aussi plusieurs compositions de Michel-Ange sur ces vases; et le duc Guidobaldo employa plusieurs autres artistes célèbres de ce temps, et, entre autres, Raphaël del Colle ou del Borgo, Taddeo Zuccaro, et Batista Franco, habile dessinateur et graveur. Ce dernier exécuta les dessins pour des services de porcelaine dont le duc fit présent à l'empereur Charles-Quint et au cardinal Farnèze. Les mêmes artistes ornèrent de leurs compositions les vases de la célèbre pharmacie du palais de Pesaro.

Les ouvriers employés dans ces manufactures étoient non seulement très-habiles eux-mêmes, comme on le voit par la spirituelle exactitude avec laquelle ils copioient les dessins des grands maîtres; mais ils étoient aussi fort instruits, à en juger par les titres écrits qu'ils donnoient à leurs sujets, et les citations aussi exactes qu'ingénieuses qu'ils tiroient des auteurs anciens, tels qu'Ovide, Tite-Live, Denys d'Halicarnasse, Polybe, etc. On joignoit à ces inscriptions le nom de l'artiste et la date de la fabrication; et cet usage dura tant qu'on mit de l'importance à ces sortes de travaux, c'est-à-dire depuis 1540 jusqu'en 1560.

Ces vases formoient la vaisselle des grands et des riches ; on en faisoit des cadeaux, et il en existe d'une forme particulière sur lesquels des amans faisoient tracer le portrait de leur maîtresse, et ensuite les leur offroient remplis de fleurs, de fruits ou de sucreries.

On s'en servoit aussi pendant les bals, pour envoyer aux jeunes filles des fruits confits, comme c'est encore l'usage dans quelques villes d'Italie. Et ces espèces de compotiers se reconnoissent au sujet de la peinture : c'est un Amour qui danse en jouant du tambour de basque.

A l'occasion des mariages, on faisoit faire de ces porcelaines peintes ; et au repas de noces on se servoit de plats et d'assiettes dont les sujets, analogues à la circonstance, tels que les métamorphoses de Jupiter, et d'autres traits de la fable ou de l'histoire, étoient parfois assez libres. Mais on ne s'en formalisoit guère, surtout à pareilles fêtes, dans lesquelles la joie devenoit communément un peu licencieuse.

On faisoit aussi de grands vases d'un très-beau dessin, qu'on portoit auprès du lit de l'accouchée. Ils se démontoient en sept ou huit pièces, différentes de forme et d'usage, et qui contenoient un dîner tout préparé. Ces pièces étoient peintes, en dehors et en dedans, avec un soin et une délicatesse extrêmes : on y représentoit les noces des dieux et des héros. Passeri en cite un où l'on voit Léda avec ses deux enfans qui jouent en sortant de la coquille; dans le lointain, le cygne bat des ailes, pour témoigner son allégresse , et un Génie ailé répand des fleurs sur le groupe principal.

Dans les vases à laver, on retraçoit toujours des sujets relatifs aux divinités des eaux. Les plats de dessert offrent des fruits de toute espèce, ou des scènes représentant les travaux de l'automne , tels que la récolte des fruits et la vendange. Enfin, le sujet de ces peintures étoit toujours analogue à l'usage du vase.

Le dessin et la composition de ces petits tableaux étoient plus ou moins soignés, suivant l'adresse ou le talent des peintres. Les couleurs, d'une vivacité extrême, se plaçoient franchement et autant que possible au premier coup. Et, par un procédé qui est perdu, on rehaussoit les lumières avec des touches d'une couleur très-blanche, qui s'appeloit *bianchetto*. On croit que c'étoit de l'étain fondu et réduit en poudre dans un mortier avant qu'il se réfroidît. Il subissoit ensuite une autre préparation qui nous est inconnue.

On peignoit avec le *bianchetto* des ornemens

blancs sur un fond de la même couleur, mais d'une autre nuance; ce qui produisoit un très-joli effet. Ce travail se nommoit *sbiancheggiato*. On employoit le bianchetto sur un fond noir ou azuré; et on en faisoit des grisailles, où les artifices du clair-obscur étoient parfaitement observés.

On ne se contenta pas de peindre ces poteries, on les modela en relief; et on voyoit au fond des bassins, non seulement des fruits et des fleurs, mais des serpens, des lézards, des grenouilles, et autres animaux peints avec leurs couleurs naturelles (1). On faisoit avec la même pâte toutes sortes de petits objets de décoration pour les appartemens; tels que flambeaux, encriers, des vaisseaux imitant des oranges, des poires, des pommes de pin, et d'autres vases dits *magiques*, qui versoient tour à tour, et à volonté, du vin ou de l'eau, au grand étonnement de ceux qui n'étoient pas dans le secret. On faisoit aussi de ces fontaines qui, placées au milieu de la table, fournissoient des jets de plusieurs sortes de liqueurs; enfin, mille autres bagatelles, qui montroient dans leurs auteurs

____

(1) M. Dufourni possède un très-beau bassin, où tous ces animaux sont réunis sur un fond de verdure. Si, en les regardant à travers de l'eau dont on l'emplit, on lui imprime un léger mouvement, ces animaux semblent se mouvoir; et l'illusion devient complète.

de l'adresse, de l'invention, et même un véritable talent pour la peinture et pour la sculpture.

L'art de la majolica ne se soutint pas long-temps à sa première hauteur. Après avoir fleuri pendant une vingtaine d'années, il commença à décliner en 1560, à la mort des deux frères Flaminio et Orazzio Fontana ; et tout ce qu'on voit portant la date des années suivantes est d'un dessin peu correct, d'un coloris cru ou fade, mal ombré, et point du tout fondu. Bientôt on laissa de côté les dessins des grands maîtres ; et le goût maniéré des Flamands prévalut. La principale raison de cette décadence fut la vieillesse, et enfin, en 1574, la mort du duc Guidobaldo, qui avoit si fort encouragé cette industrie. Son successeur, Marie II, très-économe, et fort indifférent pour les arts, ne soutint plus les manufactures de majolica, et les abandonna aux mains des particuliers, qui, n'étant plus protégés par le gouvernement, ne se livrèrent qu'à des travaux de faïence ordinaire d'un usage habituel, d'un très-bas prix ; et dès lors elles perdirent tous leurs avantages.

L'introduction de la porcelaine de la Chine fit aussi dédaigner la faïence, même la plus belle. Et cependant quel avantage avoit-elle sur les beaux vases de Pesaro et d'Urbin, exécutés sous la direction de Raphaël ou des artistes de son école ?

Nul autre que la finesse et la transparence de la
pâte. Mais l'illusion de très-belles couleurs ,
quoiqu'appliquées grossièrement, et offrant des
magots et des objets étrangers sans la moindre
entente de dessin ni de perspective, et le charme
de la nouveauté, séduisirent les grands et les riches. La mode s'empara de cette nouvelle branche
de commerce , et inonda l'Europe de toutes les
productions d'un peuple qu'on a exalté beaucoup
trop , et que la saine raison pourroit ne considérer que comme une réunion d'enfans précoces,
arrêtés dans leur croissance , et qui n'ont jamais
pu devenir des hommes.

Dès qu'on renonça à la faïence , la cupidité
tourna l'industrie vers l'imitation de la porcelaine. On parvint, d'abord en Toscane, à con-
trefaire les vases chinois. La Saxe établit ensuite
ses manufactures ; et la France, qui devoit perfectionner ce procédé, fut le dernier pays où
l'on s'en occupa. Elle n'étoit point cependant
étrangère à l'art de la majolica , et elle avoit inventé une application nouvelle de cette découverte ; application dont les produits , connus
d'abord sous le nom d'émaux de Limoges,
ensuite de peinture en émail, ont été poussés
au plus haut degré de perfection par Petitot.

Ces objets divers, et surtout la comparaison
de la poterie peinte par Bernard de Palissi, avec

les ouvrages de ce genre exécutés précédemment en Italie, pourroient encore me fournir matière à quelques observations intéressantes (1). Mais je dois me borner, comme je l'ai annoncé, à ce que l'Italie m'offroit sur cette matière. D'ailleurs, on est plus curieux de s'instruire des causes que des effets : aussi mon objet a moins été de tracer l'histoire de la terre cuite émaillée, que de ramener l'intérêt sur l'auteur d'une invention peu connue ; et surtout de jeter quelque lumière sur l'origine d'un procédé qui pourroit redevenir utile, et qui a tant d'analogie avec la plastique des anciens. Tel a été mon but : si je ne l'ai pas atteint, puissé-je au moins avoir écarté quelques uns des nuages qui nous le cachent encore.

––––––––––––––––

(1) Jusqu'à présent l'on a considéré Bernard de Palissi comme l'inventeur de ces vases de terre cuite, qui portent son nom, et qu'il décrit dans son ouvrage, s'intitulant ouvrier en terre, et inventeur des rustiques figulines. Mais, quand on considère que cet homme, d'ailleurs justement célèbre, naquit plus de cent ans après Lucca della Robbia, c'est-à-dire de 1514 à 1520, et que Jérôme della Robbia porta en France, vers 1550, de nombreux travaux de *terra invetriata*, et surtout cette *majolica* dont il revêtit le château de Madrid, construit par François Ier, dans le bois de Boulogne, et que nous avons vu détruire ; et qu'enfin, en 1560, l'art de la *majolica* n'étoit plus un secret, puisqu'on faisoit de cette faïence dans presque toutes les villes d'Italie ; on ne peut plus considérer Bernard de Palissi que comme l'imitateur des Italiens, et non comme l'inventeur d'un art déjà si connu, et même en décadence à l'époque où il a dû s'en occuper.

LETTRE XLVIII.

Réflexions sur les *ville*, ou maisons de plaisance des Italiens.

ROME présente aux voyageurs tant d'objets intéressans, qu'il faudroit un siècle pour tout voir et pour tout décrire. Le seul Vatican m'a déjà fourni le sujet de plusieurs lettres ; et, pour épuiser cette matière, il faudroit y consacrer des volumes. Mais je ne peux long-temps m'assujétir à traiter les mêmes sujets ; et, malgré l'hiver, la campagne m'offre encore des charmes : ils sont d'autant plus piquans, qu'au milieu d'une ceinture de monts couverts de neige, je jouis de toutes les douceurs de la température printanière, et de l'aspect d'une verdure moins fraîche, il est vrai, que dans la belle saison, mais qui n'ôte rien au charme du paysage.

Je sors avec empressement des galeries les plus magnifiques, pour me promener dans les allées de lauriers de la *villa* Médicis, ou sous les chênes verts et les pins du jardin Borghèse. Ces endroits délicieux où la nature et l'art se donnent la main, et qu'ils se plaisent à embellir de leurs avantages réunis, font mes délices. Je lis, je dessine, je rêve; et quoique seul, je n'ai point d'ennui. Je n'éprouve ni les élans de la joie, ni l'abattement de la tristesse : mais bien ce paisible contentement de l'âme qui résulte du calme des passions, de l'absence des affaires, et qui me permet de me livrer, sans distraction, aux douces jouissances que fournit la libre culture des arts.

Le nom de *villa* qu'on donne aux maisons de plaisance en Italie, éveille dans l'esprit des idées de paix, de grandeur, de prospérité et de plaisir. En effet, ces petits palais, bâtis dans des campagnes pittoresques, ne peuvent être habités, avec agrément et sécurité, que dans une contrée où les champs sont paisibles et les villes florissantes.

Aussi, chez les anciens Grecs, presque toujours en guerre avec leurs voisins, sans cesse menacés d'incursions ennemies, et où les cultivateurs étoient souvent forcés de venir s'enfermer dans les cités pour mettre à l'abri leur fortune, leur liberté et leur vie, il n'étoit point question de maisons de plaisance.

Ce n'est même guère, chez les Romains, que du temps d'Auguste qu'on songea à se procurer cette agréable diversion; lorsque le peuple roi étendit sa puissance, et qu'il rejeta les fléaux de la guerre et les brandons de la discorde bien loin de son territoire. La plaine de Rome, les coteaux de la Campanie, et les bords des lacs de la Lombardie, se couvrirent d'habitations charmantes que les plus illustres Romains alloient occuper passagèrement. Le luxe fut poussé à un tel degré, que les Cicéron, les Mécène et les Pline voyageoient dans presque toute l'Italie, et surtout de la capitale jusqu'aux confins de l'Apulie, sans quitter, pour ainsi dire, leurs propriétés, puisqu'ils possédoient, le long de la route, des *ville* ou des casins qui leur servoient de stations, et où ils trouvoient, pour eux et pour leur suite, souvent très-nombreuse, des serviteurs attentifs, et tous les objets nécessaires à la vie et à l'agrément. Enfin, ces voyages, dans lesquels ils se procuroient même toutes les jouissances du faste et de la mollesse, se convertissoient en promenades et en parties de plaisir.

Chez les modernes, il n'appartient qu'aux souverains de voyager ainsi. Encore est-on surpris de voir qu'un simple chevalier romain l'emportoit de beaucoup à cet égard, sur les plus grands monarques d'autrefois, et même sur plusieurs souverains de nos jours.

Les guerres, dont l'Italie devint le théâtre pendant ces convulsions du Bas-Empire, firent disparoître ces somptueuses maisons de délices dont on ne retrouve qu'avec peine les ruines défigurées; et ce ne fut qu'à l'époque de la renaissance des arts de la paix, que les princes de ce pays songèrent à suivre, dans la disposition de leurs *ville*, l'exemple des anciens. Nous fûmes encore long-temps sans les imiter; ce n'est que depuis le siècle de Louis XIV que nous voyons s'élever des maisons royales et des châteaux de plaisance dignes de porter ce nom. On remplaça les tours, les donjons et les ponts-levis par d'élégans palais, percés, non d'étroites meurtrières, mais de nombreuses croisées, et ornées de portiques, et de terrasses. On les entoura de parterres, de jardins et de parcs, bornés seulement par des murs bas, par des grilles, et souvent par des fossés qui indiquent plutôt les limites de la propriété, qu'ils ne servent à en défendre l'entrée. Bien plus, ces magnifiques jardins, ces riches galeries sont devenus l'objet de la curiosité, le but des promenades d'un public éclairé et poli; et la propriété des grands est devenue, pour ainsi dire, celle de tous.

Vers la fin du siècle dernier, de simples particuliers créèrent aussi des maisons de plaisance renommées, dans lesquelles ils réunirent la richesse au bon goût, les habitudes de la ville aux plaisirs champêtres, et le luxe des arts à celui de la nature. Qui n'a parcouru avec plaisir et intérêt les bocages, les clairières, les coteaux et les étangs d'Ermenonville? Qui n'a pas été en pèlerinage à l'île des Peupliers, pour jeter quelques fleurs sur la tombe où Jean-Jacques avoit enfin trouvé le repos (1)? Rappellerons-nous encore *le Désert*, singulière retraite d'un moderne sibarite, qui avoit choisi l'endroit le plus sauvage et le plus reculé de la forêt de Marly, pour y construire une habitation déli-cieuse, quoique revêtue des dehors repoussans d'une vieille tour crevassée? Passerons-nous en revue cette foule de maisons royales, de châteaux et de jardins dont les environs de Paris sont par-semés? Mais, que sont-ils, en comparaison de ces *ville* des environs de Rome, dont nous faisons en ce moment le but de nos plus agréables promenades? D'ailleurs, ne devons-nous pas les préférer, par le respect que mérite leur droit d'aî-nesse, par la conviction qui nous y fait reconnoî-tre des conceptions bien autrement vastes et har-dies, et dans lesquelles le génie de l'architecture rivalise avec la nature, et la pare de tous les attributs de la richesse et du goût le plus épuré.

---

(1) M. Girardin, propriétaire et créateur de ces beaux lieux, nous a laissé les principes qu'il s'étoit formés sur l'arrangement des jardins irréguliers, dans un opuscule intitulé : *De la composi-tion des paysages, ou des moyens d'embellir la nature autour des habitations, en joignant l'agréable à l'utile.*

En effet, les maisons de plaisance des Italiens, connues sous le nom de *ville*, ont servi de modèle à tous les peuples de l'Europe. Souvent célébrées par les poëtes, visitées, admirées par les voyageurs, elles méritoient d'obtenir les honneurs de la gravure. Et cependant, jusqu'à cette heure, on ne trouvoit dans aucun ouvrage les copies fidèles de ces édifices (1).

Disposés de manière à produire beaucoup d'effet, on a su y profiter, avec une adresse admirable, de la nature des sites, et de la position dans laquelle on a été souvent forcé de bâtir. Leurs jardins surtout ont une apparence de féerie que l'on trouve rarement ailleurs, et qui résulte bien moins du désordre par lequel on prétend imiter la nature, que d'une sorte de régularité qui tend à la mettre en harmonie avec les décorations et les effets de l'architecture.

Les jardins français, ou plutôt à l'italienne,

---

(1) Falda, Piranesi, et quelques autres ont, à la vérité, publié différentes vues prises dans les jardins de Rome ; mais aucun n'a entrepris de réunir l'agréable à l'utile. Occupés exclusivement de la partie pittoresque, ils ont négligé de donner les plans et les détails de ces charmantes habitations. Ils semblent même avoir attaché si peu d'importance à leur travail, qu'ils n'ont pas daigné s'asservir à une imitation exacte. On ne peut se former une véritable idée des *ville* d'Italie, que dans le bel ouvrage de MM. Percier et Fontaine ; et il suffit de nommer ces artistes, pour rappeler et faire apprécier les éminens services qu'ils ont rendus, et qu'ils ne cessent de rendre à leur art.

en honneur du temps de Louis XIV, qui ont illustré Le Nostre, qui font encore, à Versailles, l'admiration des étrangers, et qui donnent aux Tuileries le premier rang parmi les promenades publiques, peuvent cependant donner une idée des jardins d'Italie.

Peut-être paroîtra-t-il d'abord étonnant que ce soit dans le pays le plus varié pour les promenades, qu'on ait inventé les jardins réguliers. On n'en sera plus surpris lorsqu'on réfléchira que les beautés naïves de la nature étoient l'apanage des plus simples habitans de la campagne, qu'on y rencontroit partout ce mélange irrégulier de bois, de gazons, de ruisseaux, de chaumières, de ruines, dont on a fait depuis les élémens des jardins anglais. Ce spectacle, étant donc le plus ordinaire en Italie, ne pouvoit être recherché par les grands et les riches ; il leur falloit créer une nature à part qui leur présentât des sites nouveaux, imposans, extraordinaires : on imagina alors d'aligner les arbres, de les tailler de mille manières différentes ; et, en emprisonnant les eaux dans d'étroits conduits, on les força de jaillir dans les airs, ou de tomber en cascades symétriques.

Les Italiens ne suivirent en cela que l'exemple de leurs ancêtres ; et cet art fut remis en pratique par les Médicis, comme plus favorable au développement des fêtes brillantes dont ils vouloient amuser leurs concitoyens. Dans ces jardins somptueux, la nature fut soumise aux règles de l'art; les brillantes fictions des poëtes furent réalisées; et tous les sens, flattés à la fois, tinrent l'imagination dans un enchantement continuel.

On objectera, il est vrai, que tous ces effets sont faux, que ce n'est plus qu'une nature factice; que ces longues allées taillées au ciseau, ces eaux jaillissant avec contrainte, ces fleurs assorties et renfermées dans des compartimens réguliers; qu'enfin ces objets, répétés symétriquement, fatiguent à la longue, ne parlent nullement à l'esprit, et encore moins au cœur. Mais il n'est ici question que d'amuser les sens, d'exciter l'étonnement et l'admiration, de créer des prodiges, et, en un mot, de mettre une habitation royale en harmonie avec la pompe qui convient à la cour d'un souverain. C'est aussi la seule disposition convenable pour les jardins publics, où l'on va bien moins pour chercher la solitude, que pour jouir de l'élégante réunion de la bonne compagnie, et où chacun porte la prétention de briller. D'ailleurs, combien de graves inconvéniens n'entraîneroient pas, malgré la plus active surveillance, la distribution d'une promenade publique sur un terrain inégal,

coupé de bosquets touffus, de massifs d'arbustes, et où l'on ne trouveroit qu'allées tortueuses, que réduits mystérieux, que labyrinthes
perfides?

Qu'on laisse au citadin, fatigué des plaisirs
de la ville, la jouissance de remuer un jardin
d'un arpent pour le convertir en un modèle de
jardin anglais, d'y faire des montagnes à peine
comparables à ces buttes qu'édifient les fourmis
d'Amérique, et des vallons de quelques toises
où il fait couler pendant un quart d'heure le
ruisseau tiré de son puits à force de bras.

Amateurs passionnés des beautés grandioses
de la nature, on nous pardonnera de mépriser
ces imitations mesquines qui l'outragent, et
même de préférer, dans certains cas, la préten-
due monotonie de nos anciens jardins français
au chaos de ceux dits à l'anglaise. L'on peut, il
est vrai, faire abus des plantations symétriques;
les Italiens l'ont bien senti, et ils se sont arrêtés
au point fixe au-delà duquel ce genre n'est plus
qu'une monstruosité.

Les jardins d'Italie, comme on l'a observé
avec discernement, présentent la variété et le
pittoresque des jardins modernes, sans avoir
rien de leur monotone et puérile simplicité. Ils
sont plantés régulièrement autour de l'habitation; et c'est par une progression artistement

ménagée, qu'en s'éloignant d'elle ils se lient avec la nature agreste du pays. Ce n'est jamais, comme on le voit chez nous, un jardin dans lequel on a prétendu faire un site, un paysage, mais au contraire un site dans lequel on a fait un jardin : c'est l'art qui a paré la nature, et non pas l'art qui a voulu la créer. On y retrouve, jusque dans les moindres choses, l'empreinte du génie, la finesse du bon goût, et le véritable à-propos de l'art... Partout on voit l'architecture, la sculpture, la peinture dirigées par la même pensée, souvent exécutées par la même main, concourir à l'effet général, et produire, dans une parfaite harmonie, l'accord le plus piquant. Enfin ces jardins donnent une idée exacte des *ville* tant vantées chez les anciens ; et rien ne doit mieux ressembler aux maisons de délices de Lucullus, aux jardins de Salluste, aux habitations de Cicéron et de Pline, que les *ville* Albani, Panfili, Aldobrandini, et Borghèse.

Cette dernière surtout, qui est le but constant de mes promenades, remplace avec avantage la *villa* du grand Pompée, située en ce lieu, qu'il acheta en 692 sous le nom de Démétrius Libérius, son affranchi, avec le produit des richesses qu'il avoit acquises dans ses guerres contre les Arméniens, les Parthes et les Assyriens, et après avoir vaincu Mithridate.

Cette immense propriété, qui s'étendoit sur tout le mont Pincius, contenoit de vastes jardins divisés en hauts et bas, ornés de fontaines et de superbes constructions. Quoique moins vaste sans doute à cette heure, ce lieu de plaisance renferme peut-être autant d'objets curieux qu'autrefois. La manière dont ils sont distribués est pleine de goût, et peut servir de modèle.

On y a profité de l'inégalité du terrain pour produire les effets les plus extraordinaires; et il en est un qui surprend d'autant plus qu'il se rencontre rarement. C'est un lac suspendu au sommet d'une montagne. Les eaux y sont amenées à grands frais, mais elles donnent la vie à ces beaux jardins. Elles se précipitent du haut d'un rocher, sortent en abondance des urnes de plusieurs nymphes, et entourent un temple élégant et à jour, consacré à Esculape dont on y voit la statue. (*Planche XXXIII.*)

Ce lac irrégulier est entouré de superbes arbres, tels que chênes verts, lauriers, saules pleureurs, arbustes odorans; dont le feuillage, mobile et courbé en dôme, se répète dans ses eaux et ombrage leurs rives.

Pendant ces belles nuits, dont le calme et la fraîcheur sont si recherchés en Italie, on a vu ce temple, ces cascades, illuminés d'une manière

TEMPLE D'ESCULAPE.

ingénieuse. Des barques élégantes parcourent les bords du lac, s'égarent sous ses berceaux fleuris ; des troupes de musiciens, distribuées çà et là, font retentir ces lieux des sublimes accords des Paesiello et des Cimorosa ; enfin des sociétés choisies errent sous ces bosquets mystérieux, et forment sur le gazon des danses champêtres.

Ces beaux jardins offrent partout quelque motif d'intérêt ; on y voit des petites fabriques destinées à divers usages : ici une chapelle s'élève au milieu d'un quinconce ; là les débris d'un temple grec sont entourés de lauriers ; plus loin c'est un vaste hippodrome qui sert à des jeux équestres et à des courses. Dans un vallon écarté dont les pentes arides sont plantées d'immenses pins, l'on trouve un vieux château crénelé ; ce lieu agreste est peuplé de troupeaux de daims et de cerfs. Enfin des fragmens antiques, des statues, des tombeaux, des cuves et des bas-reliefs qui n'ont pu trouver place dans le palais, ni dans un muséum construit nouvellement, sont distribués avec goût le long des murs, au bord des sentiers, et dans les bosquets.

Voilà le noble usage que les princes d'Italie faisoient de leurs richesses. Vivant d'ailleurs très-simplement, ils sembloient n'exister que par les arts : en travaillant pour eux, ils étendoient effectivement la gloire de leur patrie, et contribuoient à la rendre digne de l'hommage des amateurs de toutes les nations.

Je ne décrirai pas toutes les scènes, tous les aspects que m'offrent à l'envi ces admirables jardins toujours ouverts à l'empressement d'un public curieux. Mais il faut être artiste pour en apprécier les beautés ; car les artistes seuls savent jouir complétement de la nature, et ils ont une manière particulière de voir et de sentir.

En effet on les croiroit pourvus d'un autre sens qui leur fait découvrir, dans tous les objets, une perfection idéale qui échappe aux yeux du vulgaire. Ce sens guidera le peintre dans la recherche de ce qui est du ressort de son art. Il lui fera trouver, au milieu d'une réunion nombreuse d'individus, la figure dont la pose, le mouvement est le plus gracieux, dont la physionomie est la plus expressive ; il lui indiquera l'aspect le plus agréable d'une contrée, d'un monument, la place d'où il doit le dessiner, et le point de vue sous lequel ses proportions se développeront le mieux. Celui-là seul sera un grand artiste qui possédera à un éminent degré ce sentiment exquis du beau et du bon, des convenances et des proportions, en un mot, ce choix heureux d'un sujet qui plaît au premier coup d'œil, fixe l'attention, intéresse jusqu'à la multitude elle-même, et lui fait dire, dans son langage expressif, que l'on *a pris la nature sur le fait*. Le poëte ne voit dans les campagnes que nymphes et dryades; le peintre déifie aussi les objets de son culte, et trouve partout un sujet d'admiration et d'étude. Il appréciera les effets de la lumière et des ombres, le jeu des rayons du soleil à travers le feuillage, le scintillement du reflet de la lune dans les eaux d'un fleuve, la dégradation vaporeuse d'un vaste lointain, la marche des nuages, leur amoncèlement dans un orage, les effets de la foudre, le désordre produit par un ouragan. Mais son enthousiasme excite l'étonnement et parfois la risée des autres hommes qui ne sont pas initiés aux mystères de l'art.

Tandis que l'artiste fera éclater ses transports à la vue de ces tableaux variés, le cultivateur, ne consultant que ses craintes et ses espérances, ne verra dans l'annonce d'un beau jour que le retour du travail; dans un orage qu'un événement funeste; et dans le cristal de cette onde qui se précipite en cascade, qu'un torrent qui menace d'entraîner ses arbres, ou d'inonder ses propriétés. Il préférera l'aspect d'un champ de blé à tous les effets du clair-obscur; le soir, fatigué de ses travaux, il ne sera guère tenté de rêver au clair de lune; et même les sons harmonieux de la lyre d'Homère

et de Virgile ne feroient probablement que hâter
son sommeil.

Cette indifférence des habitans de la campagne pour les richesses pittoresques, est néanmoins préférable à l'aveugle admiration de
quelques prétendus amateurs. Un peintre ar-
rive-t-il dans leur canton, l'un d'eux lui vante
les beaux aspects qu'il a su découvrir; il se hâte
de l'entraîner au sommet d'un plateau élevé:
quel sublime coup d'œil, s'écrie l'amateur enchanté! quel vaste horizon! on ne découvre pas
moins de dix lieues à la ronde. Vous planez sur
la ville de manière à compter les rues, les places
et les édifices; vous pourriez en relever le plan
jusque dans ses plus petits détails. Voyez notre
rivière qui serpente là-bas dans la plaine; on en
suit le cours jusqu'à perte de vue. Sur les bords,
on reconnoît les limites des propriétés rurales
de tous les habitans, et les maisons de campagne de nos principaux citoyens. Distinguez-
vous enfin cet espace d'un beau vert, entouré
de blanches murailles, et ces hautes tourelles?
c'est mon château, c'est mon parc...

Ce spectacle prétendu sublime glace le génie
de l'artiste; son œil s'égare sans plaisir sur cette
immense carte, et il regrette de ne s'être point
arrêté à mi-côte. C'est là, au travers des rochers
et des arbres, au milieu des plans coupés de la

montagne, qu'il auroit saisi avec empressement une échappée lointaine Il abandonnera son importun conducteur, et les chemins trop fréquentés. Sans autre guide que le sentiment de l'art, il trouvera les aspects vraiment pittoresques, et dignes par là d'exercer ses crayons.

FIN DU TOME DEUXIÈME.